tudo   é autoficção.

MARCELA

ESTAVELMENTE
SCHEID INSTÁVEL

Planeta

COPYRIGHT © MARCELA SCHEID, 2024
COPYRIGHT © EDITORA PLANETA DO BRASIL, 2024
TODOS OS DIREITOS RESERVADOS.

PREPARAÇÃO: GABRIELA MENDIZABAL
REVISÃO: ELISA MARTINS E TAMIRIS SENE
PROJETO GRÁFICO: MARCELA SCHEID
DIAGRAMAÇÃO: MARCELA SCHEID E GISELE BAPTISTA DE OLIVEIRA
ILUSTRAÇÕES DE MIOLO: MARCELA SCHEID
CAPA E ILUSTRAÇÃO DE CAPA: MARCELA SCHEID
ASSISTENTE DE ARTE: LÍVIA MINAZZI

DADOS INTERNACIONAIS DE CATALOGAÇÃO NA PUBLICAÇÃO (CIP)
ANGÉLICA ILACQUA CRB-8/7057

Scheid, Marcela
  Estavelmente instável / Marcela Scheid. - São Paulo :
Planeta do Brasil, 2024.
  240 p. ; il.

  ISBN 978-85-422-2761-1

  1. Poesia brasileira 2. Escritoras I. Título

24-4777   CDD B869.1

Índice para catálogo sistemático:
1. Poesia brasileira

MISTO
Papel | Apoiando o manejo
florestal responsável
FSC® C005648

Ao escolher este livro, você está apoiando
o manejo responsável das florestas do mundo
e outras fontes controladas

2024
Todos os direitos desta edição reservados à
Editora Planeta do Brasil Ltda.
Rua Bela Cintra, 986 - 4º andar - Consolação
São Paulo-SP - 01415-002
www.planetadelivros.com.br
faleconosco@editoraplaneta.com.br

PARA TODAS
AQUELAS
QUE
SENTEM.

MUITO.

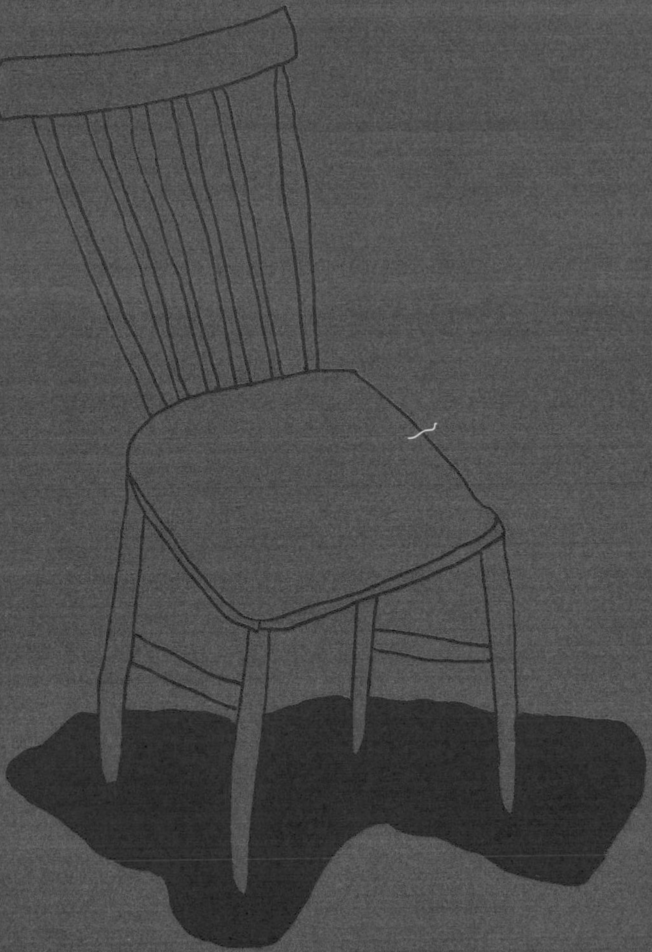

"Fico me perguntando se, na verdade, não escrevo para saber se os outros fizeram ou sentiram as mesmas coisas que eu, ou então para que achem normal senti-las. E até mesmo para que as vivam, por sua vez, sem lembrar que um dia leram em certo lugar alguma coisa sobre o assunto."

Annie Ernaux

PREFÁCIO, POR ANA SUY: UMA MULHER QUE SE EXPRESSA _____ 10

INTRO: A EMOÇÃO TAMBÉM TEM RAZÃO? _____ 14

UM: DRAMÁTICA _____ 16

DOIS: LOUCA _____ 56

TRÊS: MUITO DIFÍCIL _____ 88

QUATRO: EXAGERADA _____ 128

CINCO: HISTÉRICA _____ 162

SEIS: SENSÍVEL DEMAIS _____ 198

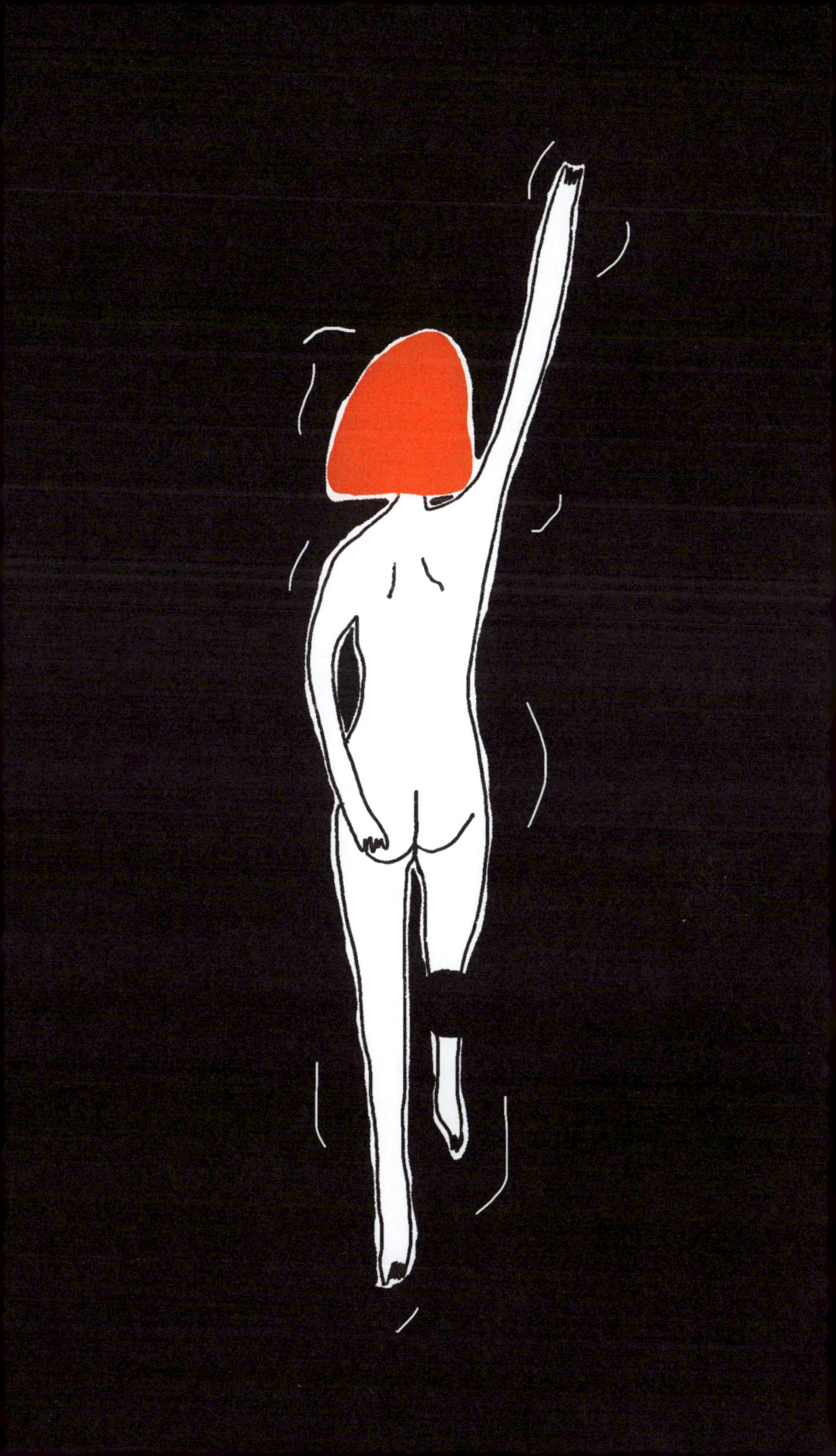

UMA MULHER QUE SE EXPRESSA

Ajudai-me a de novo consistir dos modos possíveis. Eu consisto, eu consisto, amém.
Clarice Lispector

Acompanho o trabalho da Marcela nas redes sociais há algum tempo; o suficiente para me sentir imensamente feliz com a publicação de um livro dela. Ser convidada para participar deste livro com o texto de prefácio, então, veio para mim com uma alegria e responsabilidade tamanha, que preciso começar dizendo que foi/está sendo difícil escrever este texto. Já escrevi 3 ou 4 versões dele e não gostei de nenhuma delas. Sei que Marcela me convidou para escrever porque gosta muito da minha escrita e por isso eu queria que ela gostasse deste texto, mas como escrever algo para que o outro goste, que seja verdadeiro? Esse é um dilema que volta e meia se atualiza em minha vida. Pode parecer que comecei este prefácio numa baita "egotrip" (o que eu não discordo), mas se começo falando desse meu incômodo, é justamente para dividir com vocês o lugar por onde a escrita da Marcela fala comigo – e aposto que fala ou falará com você também.

Entre fazer algo para o outro e fazer algo porque se quer fazer, não há uma separação que seja evidente. Eu quero escrever o texto de prefácio da Marcela e quero que ela goste dele também, não há como separar uma coisa da outra. Como diz nossa autora: somos dependentes da nossa independência. Assim, não se trata de nos colocarmos a um trabalho impossível de escrever, viver, fazer as coisas apenas por nós mesmas, sem nos importarmos com o outro, mas é preciso achar um ponto onde o outro (não o outro em si, mas sobretudo o desejo de sermos amadas por ele) não nos ampute.

Se trata, então, de encontrar um modo de fazer jus ao laço que temos com o outro através de um lugar legitimamente próprio em si.

Neste livro, você encontrará inspiração para essa busca.
Aqui, nossa autora nos inspira a falar, a escrever, a desenhar.
Mas não de qualquer jeito, não de uma forma desengonçada, mas de uma forma radicalmente preciosa: uma que seja autoral.

Você tem em mãos um livro sobre autoria. Não por acaso, Marcela escreve, ilustra, diagrama. A necessidade que a nossa autora encontra de se expressar não encontra seus limites no desenho das letras, aqui tudo é palavra. Seu traço se encontra do começo ao fim deste livro. Daí minha dificuldade, como participar do livro da Marcela, tão... completo?! Bobeira minha, acreditem. Este não é o livro "da Marcela", este é o livro de todas as mulheres – com exceções, claro!

Nele encontramos uma ode às diferentes maneiras de expressões, orações pela liberdade feminina, alimento para o entusiasmo na vida! Todas nós precisamos encontrar um estilo: de escrever, de traçar, de bem-viver. Marcela encontrou o dela e, generosamente, divide conosco, e talvez até com ela mesma, alguns rastros de como o fez. Porque encontrar nossa autoria não é algo que se faça uma vez e esteja garantido... é trabalho para toda a vida.

Estavelmente instável é um abraço. E é também um empurrão que diz: "vai – e se precisar, volte".

Ana Suy, psicanalista e escritora.

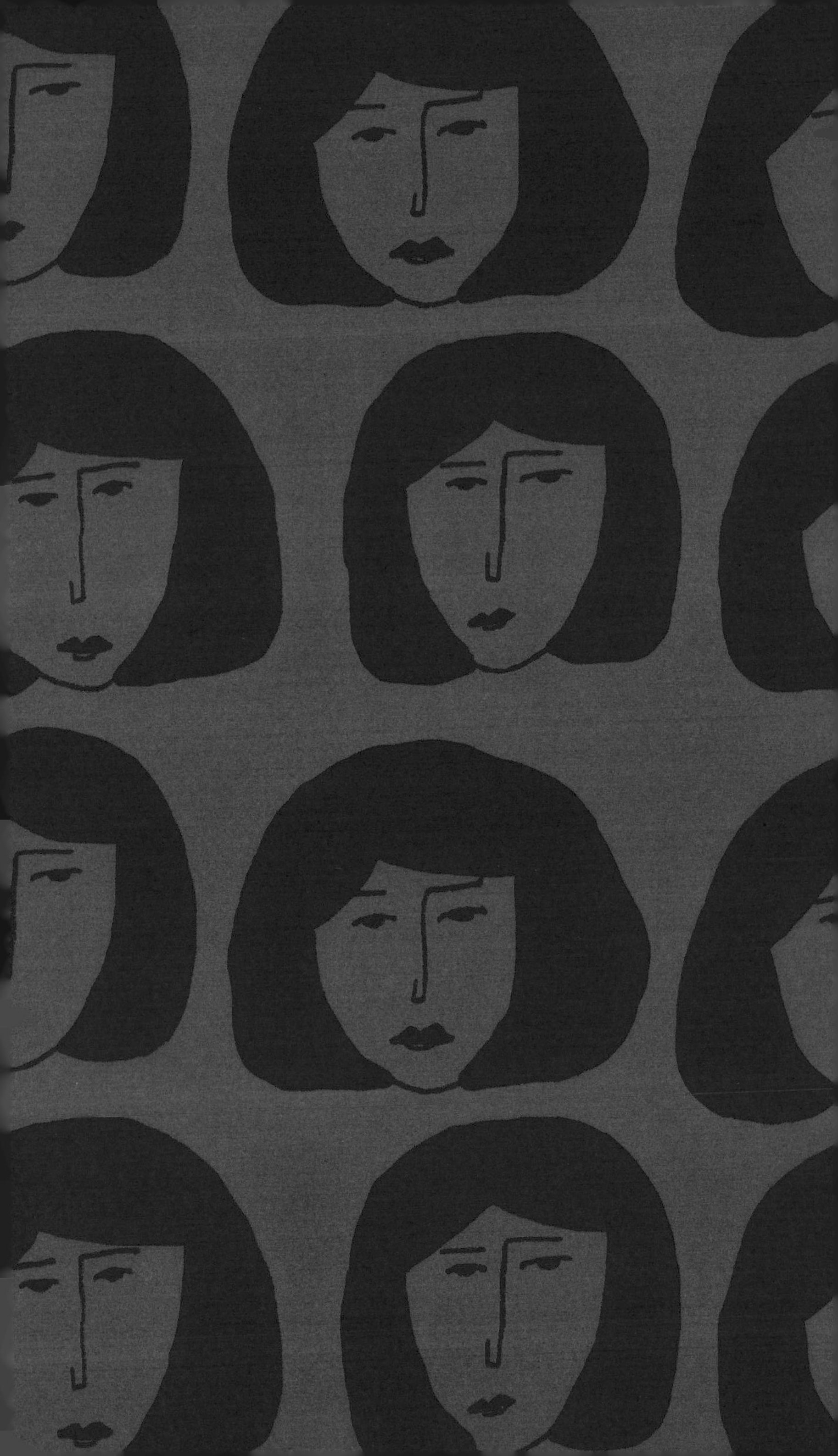

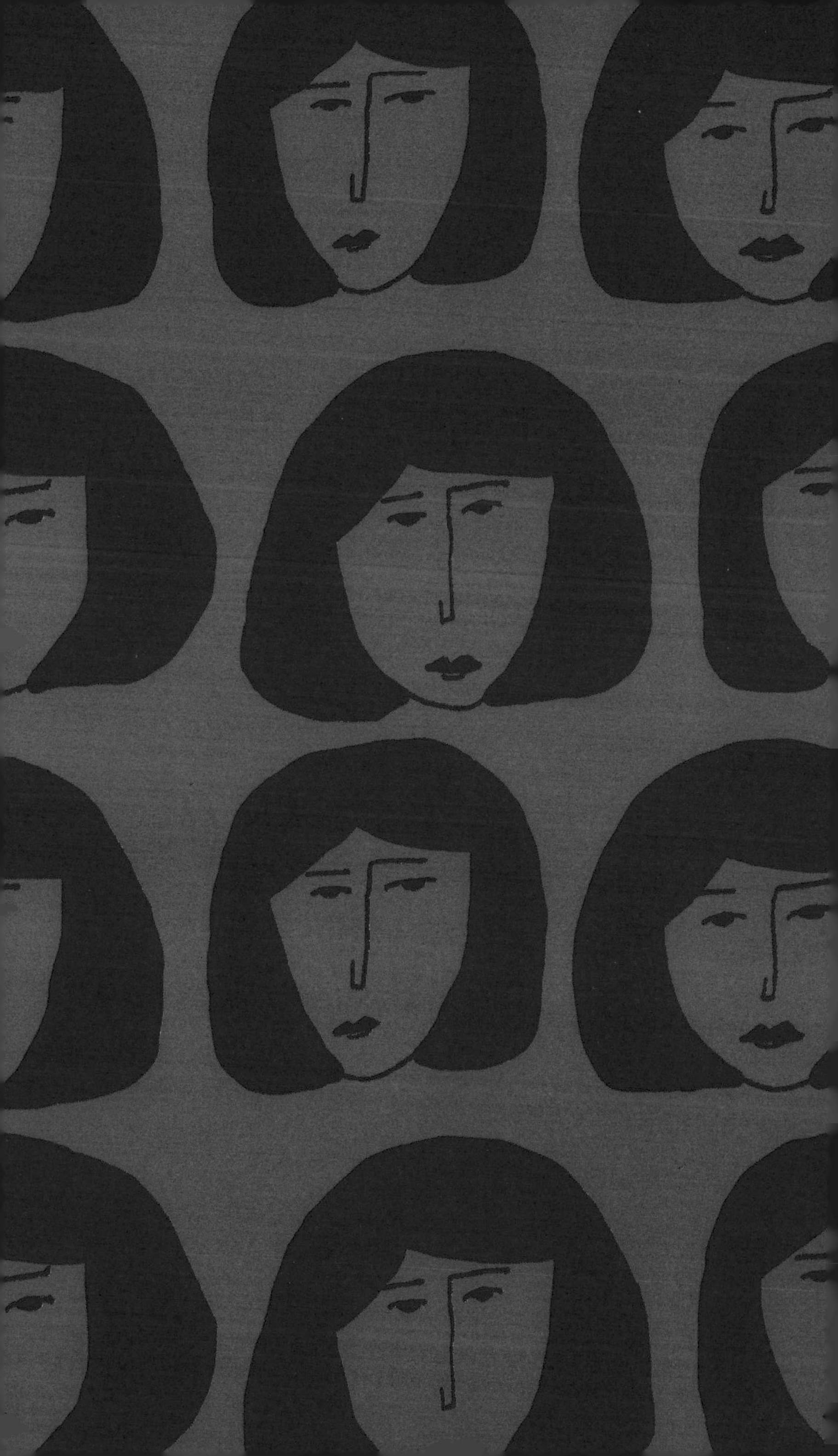

A EMOÇÃO   TAMBÉM

tem gente que precisa do silêncio.
do outro.
só para poder ouvir a própria voz.
não preciso dar nomes aos bois, a gente sabe.
mas ai de você interromper.
é mãozinha no ar fazendo o sinal de "pare".
é dedo na frente da boca fechada de onde sai
só o som do "shiuuu".

por todos os lados,
o silêncio feminino é esperado.
e a mulher que fala?
é dramática, louca, difícil, exagerada,
histérica, sensível demais ou qualquer outro
adjetivo que invalide qualquer sílaba
que possa ousar emitir.
e assim fechamos a boca, de novo.
engolimos o sapo.
os sapos. é sempre no plural.

dividiram tudo.
e deram para a gente a emoção.
mas só o lado ruim dela.
"ser emocional demais é péssimo",
disseram eles.
"para de ser
D-E-S-C-O-N-T-R-O-L-A-D-A."

tá, aqui tem emoção.

TEM   RAZÃO?

não vou negar. nem quero negar.
mas aqui também tem razão.
ué, se eu tenho uma cabeça,
logo penso, não?
sim, senhor.

não me lembro de ter assinado
um contrato com essa divisão de bens:
razão pra lá, emoção pra cá.
até porque a emoção também tem razão.
quem é você para dizer que não?
se você não está aqui dentro pra
sentir o que eu sinto?

<u>então,</u>
<u>me deixa sentir em paz.</u>
<u>me deixa falar em paz.</u>
<u>me deixa.</u>
<u>me deixa ser.</u>
<u>eu.</u>

UM:

DRAMÁTICA

Dramática, você, muito cênica, teatral, excessivamente intensa, abismal, exagerada, você, sofre demais, é mulher demais, você é muito, você é muito, você é muito viva.

Natalia Timerman

1

CRIADORA DE RED FLAGS.

tenho muitas
manias que foram
criadas
a partir
de um medo.

manias disfarçadas
de proteção.
proteção?
dá para se
proteger de algo
que eu não
sei o que é?

a questão
é que tenho
essa mania de
sair antes
de qualquer
coisa começar.

não dou nem tempo
de dar errado
ou de dar certo.

minha psicanalista
diria que é mais
fácil não
viver as coisas.

e é por isso que
eu saio (correndo).
mas eu não
estou falando
das bandeiras vermelhas.
da intuição
que lateja
e grita para a gente sair.
no meu caso
é mais abrangente.
é sair de tudo
a qualquer custo.
com ou sem bandeira.
e se não
tiver bandeira?
deixa que
eu as crio.

esse medo
de viver
as coisas
não me leva a
lugar nenhum.
literalmente.

DE   AUTOS.

o que é meu?
o que é do outro?

já é pesado
carregar
o que tem
aqui dentro.
e ainda tem essa mania
de absorver tudo.

meu.
seu.
deles.
todos.
a linha é tênue.
sufocante.
não sei mais
se é sobre
mim ou sobre
o   outro.

e fico aqui
só
carregando
mala cheia.

de roupa que não
cabe em mim.

esvazia só
pra ver.
o espaço
que fica.
pro que
eu sou.
pro que
me cabe.

não é
egoísmo.
é auto.

todos
aqueles
autos que
se ouve por aí.

cuidado.

PRIMEIRA PESSOA.

Hoje, pensei em você de novo.
No quão difícil é tentar entender o que se passa na sua cabeça.
Mas a verdade é que eu mal sei o que se passa na minha,
mal consigo me acompanhar.
Mas você, não dá para entender mesmo. E eu continuo aqui, tentando.

Eu não sei jogar esse jogo. Esfria, esquenta.
Agora quer, agora não quer. É um jogo dos opostos.
m-u-i-t-o e n-a-d-a.
Oi, mas já ouviu falar em meio-termo? Eu também não.
Será que é lenda? Será que eu já vivi alguma relação saudável?
Não sei. "Isso é preocupante", diria minha psicanalista.

Decidi escrever tudo o que eu gostaria de te dizer no meu bloco de
notas. Pobrezinho, ele não me aguenta mais.
"Lá vem essa menina de novo escrever tudo aquilo
que ela não consegue dizer."
Mas eu me iludo. Penso que é uma forma de cura.
Uma forma de sair de mim, por outros meios.

Eu acho que no fim é uma mistura de cansaço com pessimismo.
Sim, pessimismo. Eu não tenho problemas em assumir todo o meu
lado ruim. O pessimismo tá aqui, faz parte do pacote.
Do "combo da NET".

Se a gente não consegue se entender plenamente,
como que a gente vai conseguir entender o outro?
"Só se vive em primeira pessoa", disse hoje
minha psicanalista.
Só dá para entender vivendo?

Por favor, cabeça, fica em silêncio por 5 minutinhos.
Eu te imploro.

Tava tocando "It's not fair", da Lily Allen.

SABER A HORA

DE IR EMBORA

ME PARECE

MAIS IMPORTANTE

DO QUE

NÃO IR.

SABER A HORA

DE IR EMBORA

ME PARECE

MAIS IMPORTANTE

DO QUE

NÃO IR.

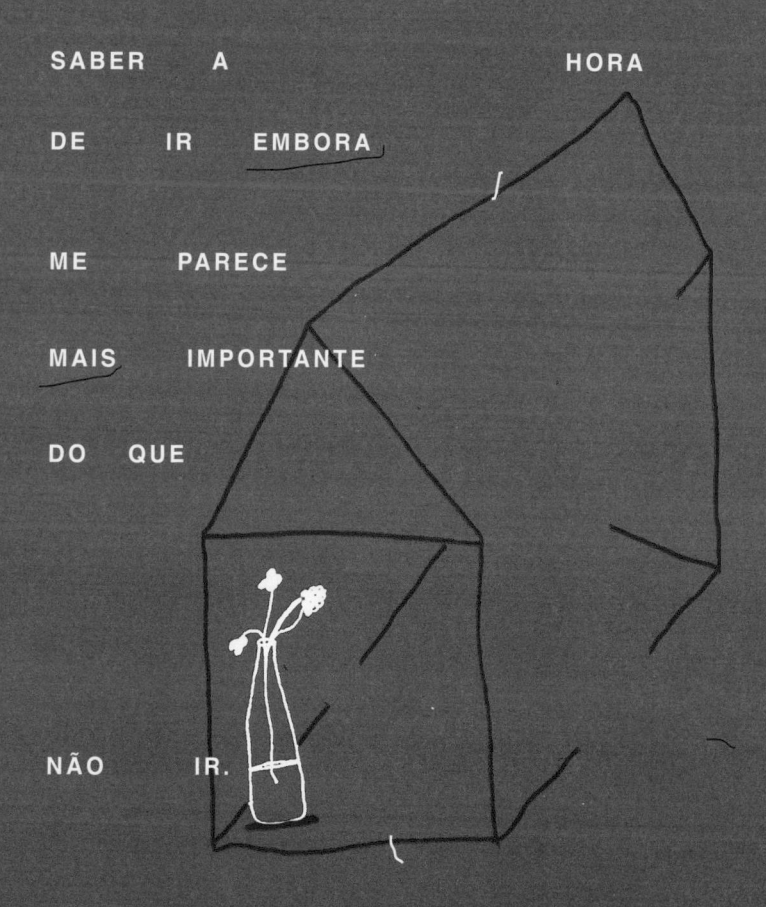

CURVAS FEMININAS.

as costas curvadas
de tanto carregar
as culpas que não
são minhas.

<u>endireitar
a postura
vem de dentro
ou de fora?</u>

não dá pra
ficar reta
enquanto o mundo
me curva.

será que esse
peso é meu?

ou será que eu ando
carregando
os precedentes
largados no chão?

será que me fundi
a isso tudo?
abrir mão não
é tão fácil assim.

O PERIGO DE GUARDAR TUDO

SESSÃO DA TARDE.

sempre tive
dificuldade
com o mundo real.
comecei,
ainda pequena,
a criar realidades
paralelas.
fingi ser
muitas coisas.

vivi grandes
começos,
meios
e fins.
todos
na minha cabeça.

aqui
dentro
vive uma grande
roterista
de ficção.
e ironicamente
tudo parecia
real.
mais real
que a realidade.
lá fora.

às vezes penso
que essa seja
a única saída.
viver aqui
dentro.

<u>mesmo.</u>
<u>dentro</u>
<u>de</u>
<u>mim.</u>
                      silêncio.

FERIDA COM CASCA.

Era tarde. Eu fingia que estava bem. Mas eu não estava nada bem. Medicada com 3 remédios diferentes. Diziam que eu ia melhorar com eles. Mas parecia tudo igual. Eu não estava vivendo mais no meu corpo. Todo mundo ali sabia. Fugia de todos os encontros. Menos desse. Minha mãe não queria que eu fosse.
Eu fui. Fui provar minha lucidez inexistente. Bebi. Não muito. Mas o suficiente para a culpa ser minha. Foi a única forma que encontrei de permanecer ali. Sedada. Misturou tudo. Eu pesava 48 quilos. Coloquei um biquíni. Entrei na piscina. Continuei fingindo.

Era noite. Vomitei na pia. Não conseguia mais fingir. Precisava deitar. Precisava sumir. Não tinha condições de nada. Desmaiei num quarto. Me deixaram lá. Quando a gente desmaia, a gente não precisa fingir.

Era manhã. Uma mensagem no msn: "Você sabe o que você fez ontem". Eu não sabia. Era um filme de terror. Aparentemente tinha transado. Com dois caras. Um deles tinha namorada. A namorada dele me mandou mensagem no msn também. Me chamando de tanta coisa. Eu não tinha transado. Tinham transado comigo. Eu não me lembrava de nada. Mas acreditei. E acreditei durante muitos anos que eu tinha transado com dois caras e que um deles tinha namorada que tipo de mulher eu era piranha sem caráter sem vergonha. Sem nada. Me tiraram tudo. Eu me tirei tudo. Me tirei de tudo. Entrei no coro e me puni. A sentença era dada. Pena de vida. Mas pena é uma coisa que a gente não quer que sintam da gente. É melhor raiva.

Mas e eles? Continuaram a namorar. Continuaram a vida. Pra eles isso foi apenas mais uma noite muito louca. E continua sendo, pode apostar. Foi nessa época que descobri que nada acontece com os homens. Eles podem tudo. Tudo. Ninguém acreditou em mim. Nem eu acreditei em mim. Nessa época eu acreditava muito mais nas pessoas do que em mim. Nunca mais fui a mesma.

A culpa ficou aqui. Junto com a cicatriz. Mentira, isso não é cicatriz. É ferida com casca. Toda vez que bato nela, a casca sobe e volta a doer. Não como a primeira vez, no dia que a ferida estava em carne viva. É uma dor diferente. Mas vivo aqui. Na espera da cicatrização. Na reconstrução da pele. Na espera da casca grossa, aquela que não levanta. Nem sei se ela existe. Não para esse tipo de ferida. Mesmo assim, vivo. Apesar disso. E vivo, também, com isso.

SEM TAPETES.

me lembro
de escutar quando
pequena:
"deixa ela chorar,
vai passar,
vai cansar".

aprendi a lidar
com o que
eu sinto na base
da ignorância.
ignorar tudo
até passar.

na base do cansaço.
ou de quem cansar
primeiro: eu ou o meu choro.

mas será
que "deixar passar"
realmente passa?
ou vira só
um monte de poeira
embaixo do tapete?
cresci morrendo
de medo.
de sentir.

na verdade,
cresci morrendo
de medo de mostrar
que eu sentia.

porque, pra mim,
não tem como evitar
o que se sente.
mas o que se mostra, tem.

<u>cresci embaixo
do meu tapete.
eu e minhas
poeiras.
escondidas.</u>

a longo prazo percebi
que eu não estava
apenas escondendo
o que eu sentia.
aquelas poeiras eram
parte de mim. de quem
eu era.

de tudo
aquilo que eu
não soube lidar
e fui deixando
pedacinho por
pedacinho.
para trás.

levantei o tapete com
toda a força possível.
a poeira também
levantou
junto.

e mostrou que é
impossível
encontrar a dor.

sem deixar
um pedacinho
de mim
para trás.

levantei o
tapete com
toda a
minha força.

a poeira também
levantou junto.

desde então, não
tenho mais tapetes
em casa.

gosto de deixar assim,
tudo à mostra.

TODO RECOMEÇO

NASCE DE

UM INCÔMODO

ATÉ

ACHEI QUE

O MEU JEITO

ERA UM

DEFEITO

MAS   SER

É

ISSO.

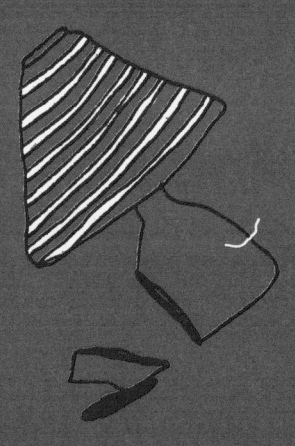

IMPERFEITO.

OS POMBINHOS.

cansei de
migalhas.
eu quero o pão
inteiro.
não, não:
eu mereço o
pão inteiro.
na verdade,
eu mereço pães.
no plural.

a migalha é
o outro que joga.
ele tem o controle.
da quantidade,
da frequência.

o pão, não.
ele é oferecido
por inteiro.
ninguém joga nada.
<u>e ainda dá pra</u>
<u>dividir no meio.</u>

39

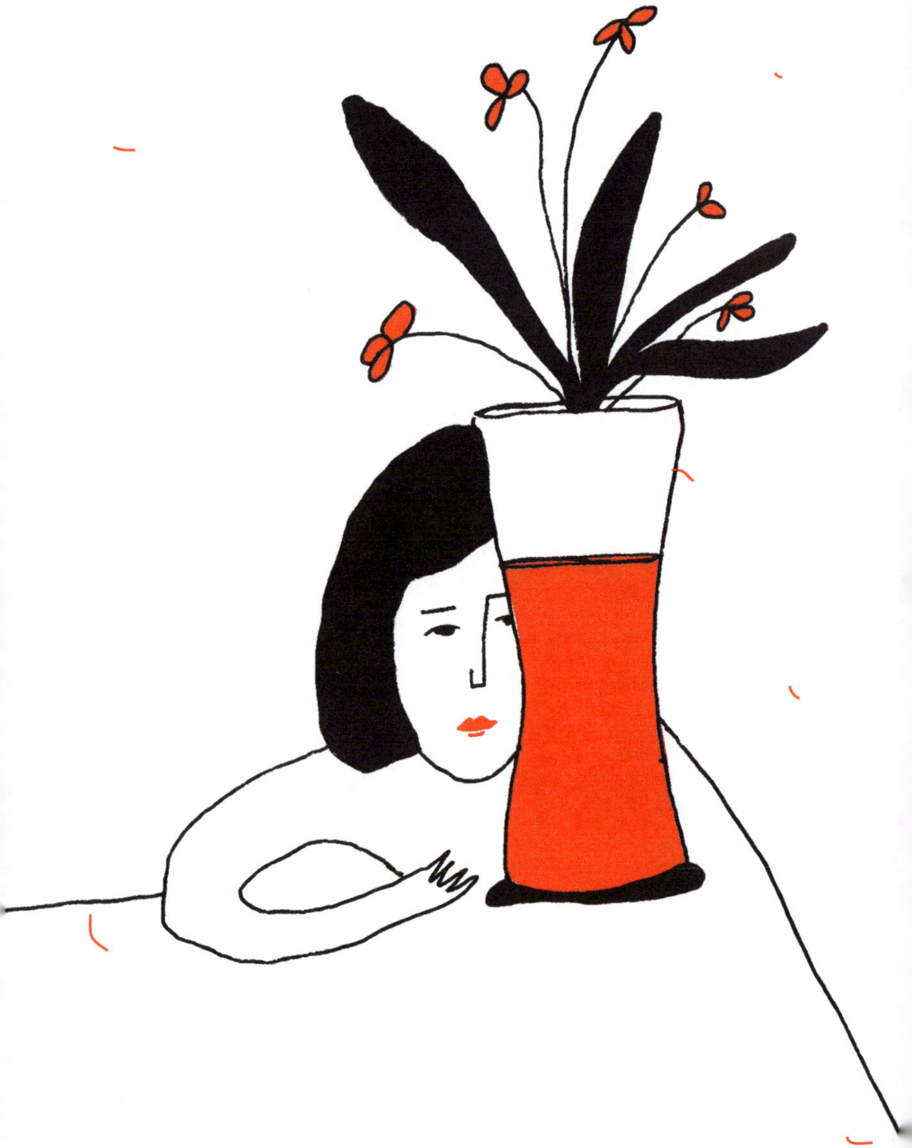

COITADA DAS COITADAS.

toda mulher
quer fugir do
adjetivo de
coitada.
e nessa fuga
a gente deixa
tudo.
a gente vai
deixando. aceitando.
tudo parece
ser melhor
do que ser
coitada.

<u>antes</u>
<u>culpada do</u>
<u>que coitada.</u>
coitada
das coitadas.
mas mais
coitadas aquelas
que fingem.

CISNE NEGRO.

gosto de
ficar na
ponta do pé.

dá essa impressão
de uma
visão panorâmica
das coisas.

foi nessa
flexão plantar
que aprendi
que para
manter
o equilíbrio
é preciso,
antes de tudo,
perdê-lo.

será que
as bailarinas
andam mais
na ponta
do pé que as
outras
pessoas?

ainda não
sei se aprendi

a ver
o todo sem
focar só nas
pequenas coisas.

é fácil se perder
no meio
das coisinhas.

sempre achei
que a lupa,
no fim,
era só desfoque.

é
bom lembrar
que
para completar
o todo
é preciso
de muitas
coisinhas.
juntas.

equilíbrio.

BOCA FECHADA NÃO ENTRA MOSCA.

sempre acho
que a
aceleração
do coração
é um presságio
de que
ele vai
sair pela boca.

pode ser
que fechar
a boca
prendendo
o ar seja
uma solução.

mas, pensando bem,
esse negócio
de boca
fechada nunca
me fez bem.

colocar
tudo pra
fora talvez
não seja
tão ruim
assim.

a verdade
é que a minha
respiração
só é
possível
quando
eu falo.

o silêncio
guarda
muita coisa
no peito.
não quero
mais chegar ao
ponto
de ter que
abrir
pra tirar
tudo.

à força.

ONTEM.

Sempre me sinto culpada por me permitir o
descontrole. Seja ele qual for.
No dia seguinte ela aparece, a culpa.
E a cabeça frita: "Não devia ter feito isso,
não devia ter dito aquilo".

Confesso que ando mais rígida que
o normal. Passei meses não me permitindo nada.
M-E-S-E-S.
Nada que fosse divertido.
Nada que fugisse do meu controle.
Mas quando a gente se priva de forma radical,
o outro lado extremo vem com tudo também.

E eu ainda não aprendi essa coisa de equilíbrio.
Meu ascendente em libra é puramente ornamental.
Parece. Queria ser meio-termo. Meio do caminho.
Meio. Mas não sou.
E isso é mais uma forma de controle.
A gente é o que a gente é.

Hoje até falei na terapia sobre isso.
Tem coisa que a gente evolui e melhora.
E tem coisa que a gente entende e aceita.
E aceitar não é um estado passivo.
Aceitar é fazer as pazes.
Com todos os lados.

*No fim parece que eu
me sinto culpada por ser eu mesma.
e fico distribuindo desculpa isso,
desculpa aquilo.*

*Desculpa nada.
Que a gente consiga se permitir.
Ser.*

CÃIBRA.

desconforto.
me sinto grande
num espaço
pequeno.

uma coisa
meio Alice,
mas sem
as maravilhas.

não caibo
mais aqui.

por um tempo,
me dobrei inteira.
posição fetal.
cortei tudo
aquilo que
chamavam de
excessos.
quase não
sobrou nada.

tudo isso
para caber aqui.
aqui não, ali.

estou sempre
tentando caber

lá fora.
em um
espaço
que o outro
destinou
para mim.

veio a cãibra.

não caibo
mais aqui.

<u>continuo</u>
<u>crescendo,</u>
<u>mas o espaço</u>
<u>parece não</u>
<u>me acompanhar.</u>

e se eu sair?
me desdobrar.

alongar
as pernas.

e parar de me
reduzir
aos espaços e
às pessoas
que me reprimem?

EXPECTAR A EXPECTATIVA.

não quero
normalizar
essa coisa
de não
criar
expectativas.

expectar
não é
sobre
esperar.

não é um
estado
passivo.

expectar
é
querer.
é
desejar.
é
sentir.

expectar é
um estado
ativo.

<u>ainda</u>
<u>prefiro</u>
<u>a frustração</u>
<u>do</u>
<u>que</u>
<u>a falta</u>
<u>de desejo.</u>

criar
expectativas
é estar
viva.

DESACOSTUMAR.

é preciso
reivindicar
o direito
ao encanto.

se acostumar
com tudo
é, também,
perder
o brilho
nos olhos?

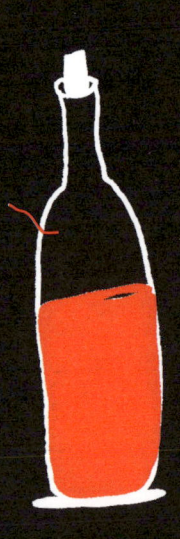

se sim,
quero me
desacostumar.

quero me
encantar
sempre que
puder.

mesmo que
por pouco.

O
DESPERTAR
DE

DENTRO

LEVA

TEMPO.

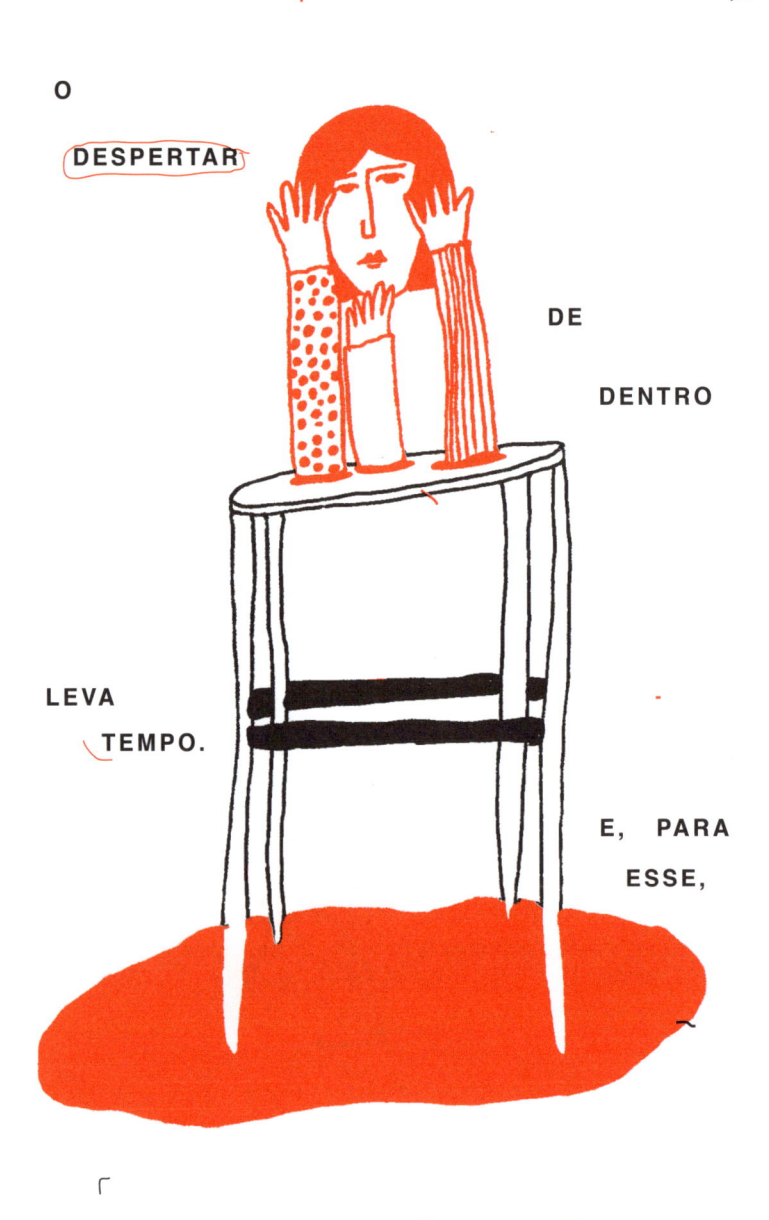

E, PARA

ESSE,

NÃO HÁ DESPERTADOR.

PACIÊNCIA.

estar
e ser
são coisas
distintas.

aprender
a ter
paciência
com
o
meu estar.

ele
não
me
define
por
completo.

DOIS:

LOUCA

A misoginia (tenta) elimina(r) tudo aquilo que se assemelha a mim. E eu que sou louca...

A misantropia (tenta) dizima(r) todas as minhas possibilidades de existência. E eu que sou a louca...

Eles gritam, ferem, machucam. Matam. E eu que sou a louca.

Isso é (a)normalidade? Prefiro continuar à margem. (R)existo bem louca. E sem rasgar dinheiro.

Maria Carolina Casati

2

A LOUCURA QUE É

tem dias que ser
mulher
me embrulha
o estômago.

nessa mistura de
medo, náusea
e desânimo.
causada pela exaustão de
viver nesse
constante estado de alerta.
atenta. arisca.
vivendo em risco.
o tempo todo.
porque até as pequenas
coisas se tornam riscos.
de vida.

e quando o risco acontece de fato,
é difícil riscar. esquecer.
é tudo difícil.
é difícil ficar calada.
é difícil seguir em frente.
é difícil ter coragem pra falar.
é difícil. muito.

desde cedo descobri que no
dicionário do patriarcado,

SER   MULHER.

ser louca tem um outro significado.
ser louca é se impor.
ser louca é não aceitar tudo o
que a gente não aguenta mais
aceitar.
ser louca é não se calar.

é difícil ser louca,
mas desde então decidi.
que é preciso continuar sendo.
gritando.
lutando.
porque calada.
não dá mais.

A CULPA É DA CULPA?

<u>essa culpa</u>
<u>toda</u>
<u>gosta</u>
<u>de ficar</u>
<u>por perto.</u>
<u>é quase</u>
<u>uma</u>
<u>dependência.</u>

ela sempre precisa
ficar aqui.
sendo minha.
sendo do
outro.

mesmo quando
não me sinto
culpada,
me sinto
culpada
por não me
sentir
culpada.

trava-língua.

seja da
culpa.

já abri
a porta
algumas vezes.
pra ver se ela vai
embora.
já abri todas
as janelas
e
nada.

<u>não sei</u>
<u>se ela espera</u>
<u>outra saída.</u>
<u>eu ainda</u>
<u>espero.</u>
<u>essa ida.</u>

SEM SAÍDA.

ainda é preciso falar.
em voz alta.

o que sinto.

Minha terapeuta disse:
"talvez falar
em voz alta seja
mais sobre
reafirmação do
que ação".

talvez seja.

tem dias que a gente
só precisa reafirmar
o que sente.

talvez reafirmação
seja também uma ação.

nem tudo é óbvio pra
todo mundo.

guardar não é a saída.
guardar não tem saída.

UMA

MULHER   LIVRE

INCOMODA
MUITO.

UMA
MULHER

INCOMODA
          MUITO.

ME RETIRAR

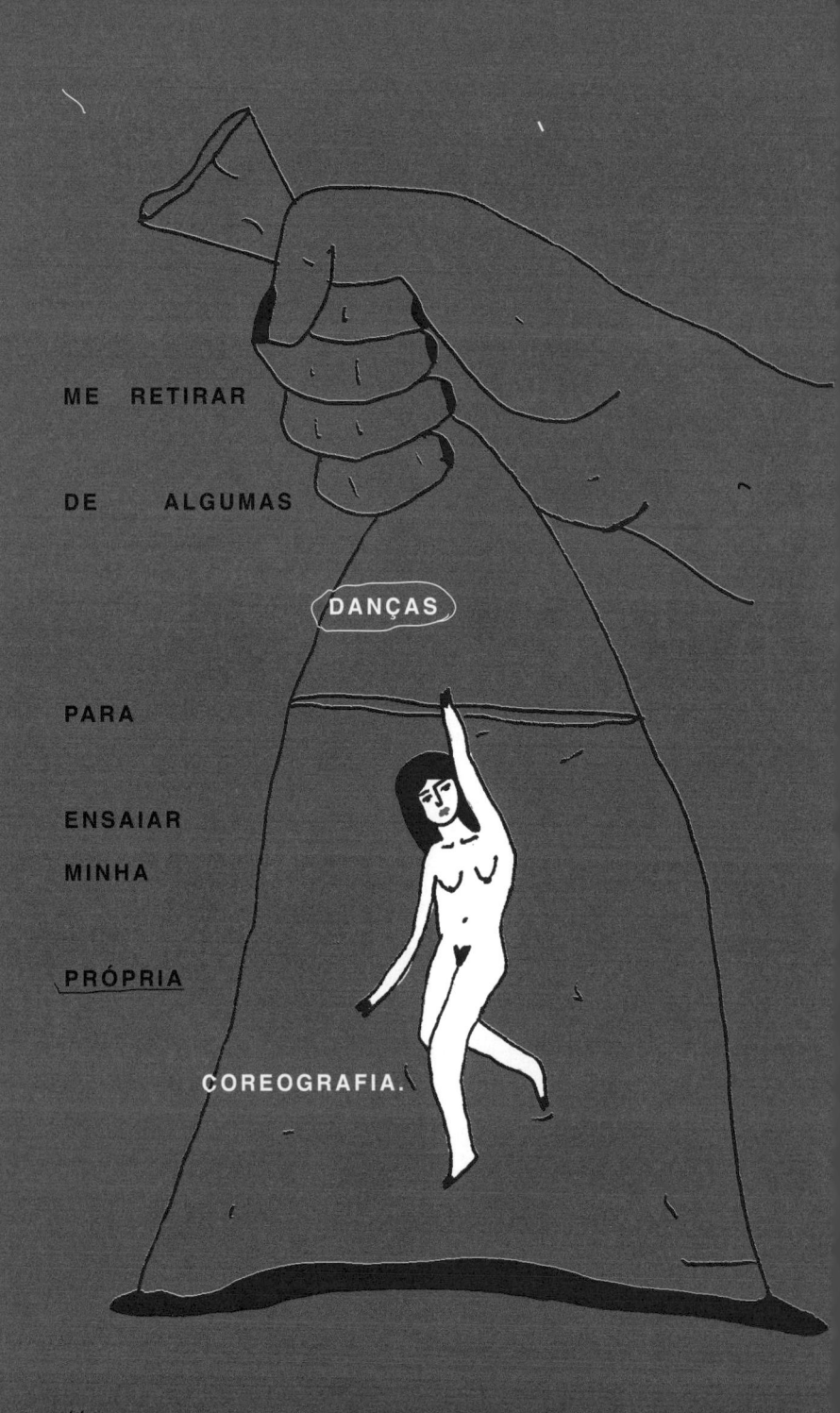

DE ALGUMAS

DANÇAS

PARA

ENSAIAR
MINHA

PRÓPRIA

COREOGRAFIA.

ME RETIRAR

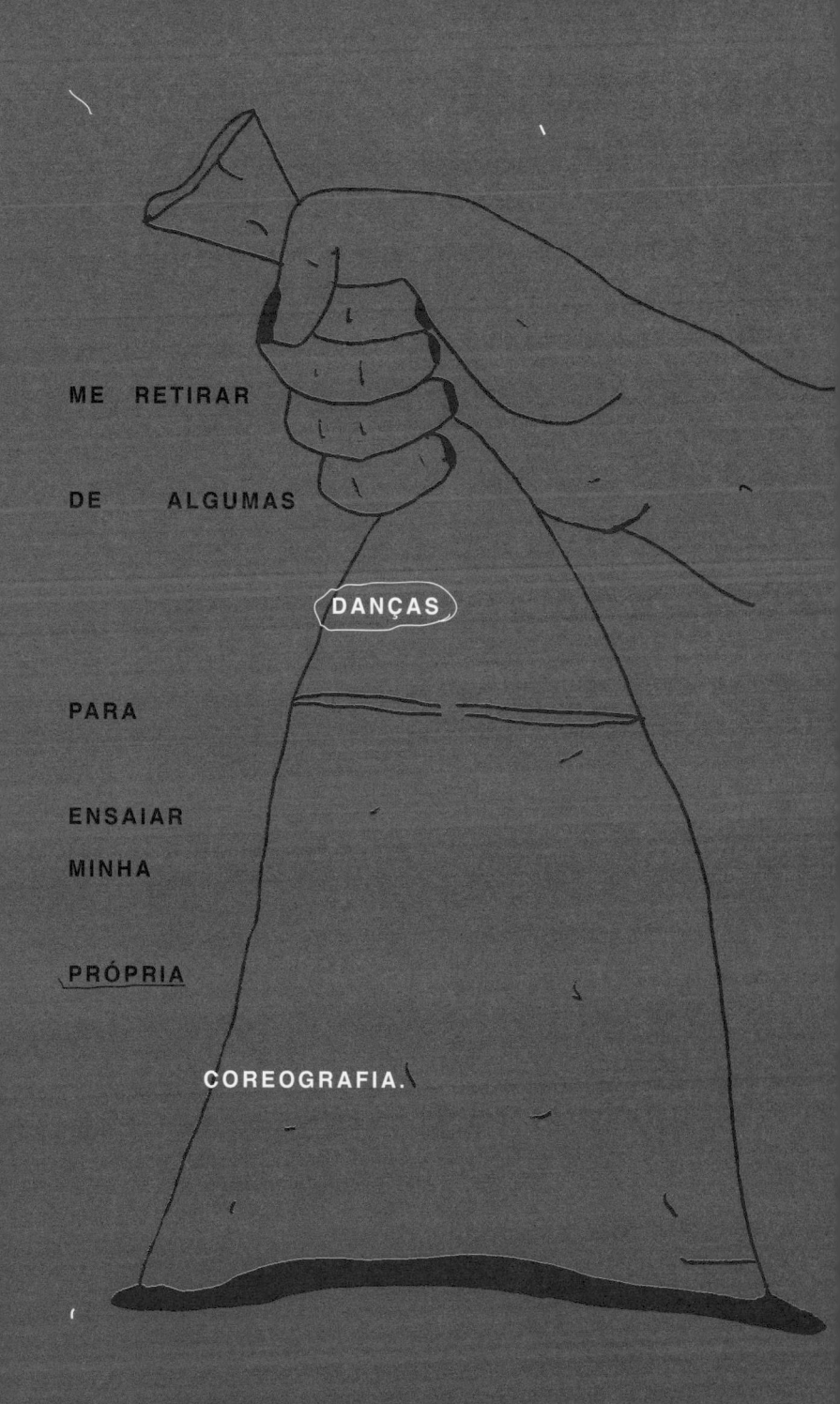

DE   ALGUMAS

DANÇAS

PARA

ENSAIAR

MINHA

PRÓPRIA

COREOGRAFIA.

JOGO DOS ESPELHOS.

vivo me
(des)encontrando
nos outros
pelas coisas
que me faltam.

criando
um confronto.

que no
fim é de
mim
comigo mesma.

me comparo
com tudo aquilo
que não
tenho.

COM~~M~~
PA
RA

AÇÃO.

será
que
esse
ato
de se
comparar
com o
outro
é sobre algo
que eu
vejo
no outro
ou apenas
sobre algo que
eu não
vejo
        em mim?

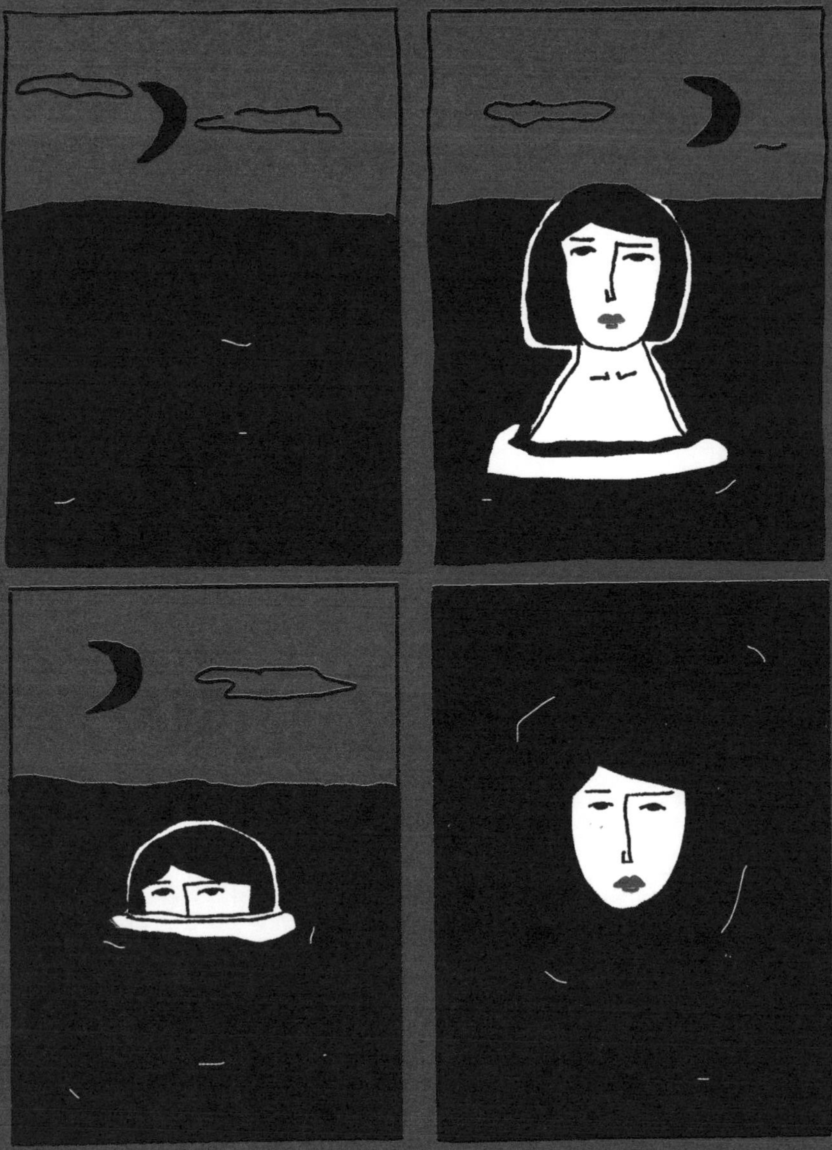

MÃOS DADAS.

entender que
os feitos de
outra mulher
não anulam
os meus.

<u>(des)competir.</u>

e também
comemorar.

com ela.
por ela.

porque toda
mulher
que faz
leva, com ela,
muitas
outras.

ENXOVAL.

Não tenho mais tempo para amores rasos.
Esses, eu já vivi. Muitos. A minha vida inteira.

De prato raso a pires.
Nunca me coube. Nunca coube
você também. No raso não
se cabe, só se escapa. Se escorrega.

E ficamos assim, escorregando de pires
em pires.

Mas eu quero xícara.
Quero bule. Quero jarra.
Quero tudo que transborda.
Quero um lugar onde
eu possa transbordar em paz.
Sem esparramar tudo
pra fora.
E ficar metade de mim ali, derramada na mesa.

Mas o raso em questão
não é sobre um amor tranquilo.
O profundo também
não é sobre paixões
adolescentes.
Quero falar de conexões.

*Porque bonito mesmo
é ter espaço,
pra você ser.
E pra mim também.
Eu quero meu espaço para ser.
Muito.
E na jarra cabe tanta coisa.
Bonito mesmo é mergulhar.
Mais bonito ainda
é mergulhar com tranquilidade.
Sabendo que o lado que
me recebe não me julga.
Ele me acolhe.*

*E é por isso que não tenho mais
tempo para amores rasos.*

GEOMETRIA.

pegar a régua
na   mão.

e reaprender
a medir
meu próprio
valor.

os centímetros
precisam sair
da minha boca.

e não entrar
pelos meus
ouvidos.

procurar outras
formas
de medida.

<u>aprender
a desmedir.</u>

SENTIR OU FUGIR?

mas como que faz para
fugir do sentir?

não dá para fugir daquilo
que me acompanha.

é quase um membro.
uma sombra.

uma pinta
de nascença.

então, fugir
é tipo fingir?

fujo para fingir
não sentir.

não, não!
finjo não sentir
para fugir.
hein?

melhor sentir.

talvez sentir seja
mais simples
do que procurar
todas essas
saídas de emergência.

CASCA GROSSA.

é diferente
a forma
como você
diz meu nome.

diz não,
escreve.
não me lembro
de ter ouvido
ele sair da
sua boca.

nem deu tempo
pra isso.

a verdade
é que eu me
forço pra
esquecer
esse tipo
de coisa.

deixo
a casca
mais grossa.

ou pelo
menos é
o que eu acho.

essa ilusão
de controle.

vivo o
tempo todo
me controlando.

vivo o
tempo todo
me iludindo.
também.

mas o controle
endurece a gente,
né?

me sinto
mais rígida
a cada
dia que passa.
por fora.
porque por
dentro,
sinto mais
do que nunca.

aprendi que
quem mostrar
primeiro perde.

<u>mas perder o jogo</u>
<u>é melhor do que</u>
<u>me perder.</u>

SOL EM CÂNCER.

nem tudo
que volta,
volta
para ter
outro fim.

tem voltas
que são
fadadas
à
repetição.

<u>uma</u>
<u>gangorra</u>
<u>dos padrões.</u>
<u>do</u>
<u>"dessa vez</u>
<u>vai ser</u>
<u>diferente".</u>

mas tem
voltas
que voltam
para
quebrar
o padrão.
tem voltas

que voltam
para colocar
o ponto.
final.

até
porque já
sei de
cor todos
os movimentos.

vou descer
da gangorra.

e assim
afirmar:
"dessa vez
foi diferente".

CLUBE DAS ILUDIDAS.

a ilusão é um direito individual.
é preciso um pouco de ilusão
para viver a vida.

sinto que se iludir é, também,
se conectar com a sua criança interior.
é uma forma de mantê-la viva.
respirando.

no dicionário de português,
iludir é "alimentar a esperança
de alguém ou de si mesmo".
mas, no meu dicionário,
se iludir é também sonhar.

<u>vejo muita coragem na ilusão.</u>
(é claro, é preciso equilíbrio.)
um pouco de realidade.
um pouco de delírio.

mas continuo aqui.
me iludindo.
com coragem.
pois não quero perder.
as esperanças.
e também outras coisas.

GOSTO
DE ME

EMOCIONAR

COM AS
COISAS.

ME
LEMBRA
QUE
AINDA
ESTOU.

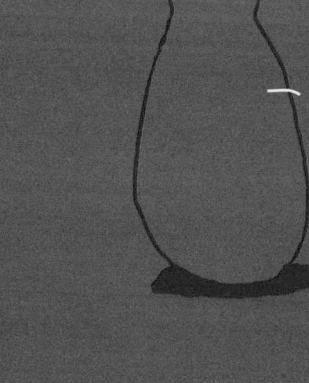

VIVA.

APRENDER QUE

É PRECISO

RENASCER

DO MEU

PRÓPRIO

FIM.

O COMEÇO DO FIM.

existir
é diferente
de estar
viva.

<u>gosto</u>
<u>de esgotar</u>
<u>as emoções</u>
<u>antes</u>
<u>que elas</u>
<u>me   esgotem.</u>

não tenho
tempo
para viver
pequeno.

me inspiro
em frida kahlo,
vivo as
emoções ruins
como todas
as outras e
depois
as   transformo.

LAVA-LOUÇAS.

tenho
potencial
de esponja.
absorvo
observando.
ou observo
absorvendo?

mas absorvo.
o do outro.
até a última
gota.

e quando
a água de
fora
se mistura
com a água
de dentro,
fica impossível
distinguir.
e separar.

como que
separa toda
essa água?

nadar não ajuda.

piora. muito.
talvez o jeito seja
sair da piscina.

subir a escada
do trampolim.
não pular.

olhar de cima.
de longe.

não pular.

de longe
a piscina
parece menor.

<u>absorver</u>
<u>é também</u>
<u>sobre</u>
<u>proporção.</u>

ESCADA.

cansada
da corrida.

de quem chega
primeiro.

eu ou ela?

parece
ser sempre
uma "ela".

vou descer
alguns degraus.

retomar o fôlego.

apertar
o botão
de subida
do elevador.

desistir.

entender que
prefiro subir
de escada.
fazer
algumas paradas

no caminho.

retomar o fôlego
de novo.

<u>chegar.
perceber que o
elevador
chegou antes
de mim.</u>

mas que chegamos no
mesmo lugar.

de formas diferentes.

abandonar
todas as
competições não
saudáveis
com todas "elas".

descer
as escadas.
juntas.

(tentar)
não começar
isso de novo.

ACHISMOS.

a linha
tênue entre
não esperar
o amor
mas
também não
desistir dele.

esperar
e
desejar
são
coisas
　　　　　diferentes.

<u>não</u>
<u>desistir</u>
<u>de</u>
<u>desejar</u>
<u>o amor.</u>
<u>ainda</u>
<u>bem.</u>

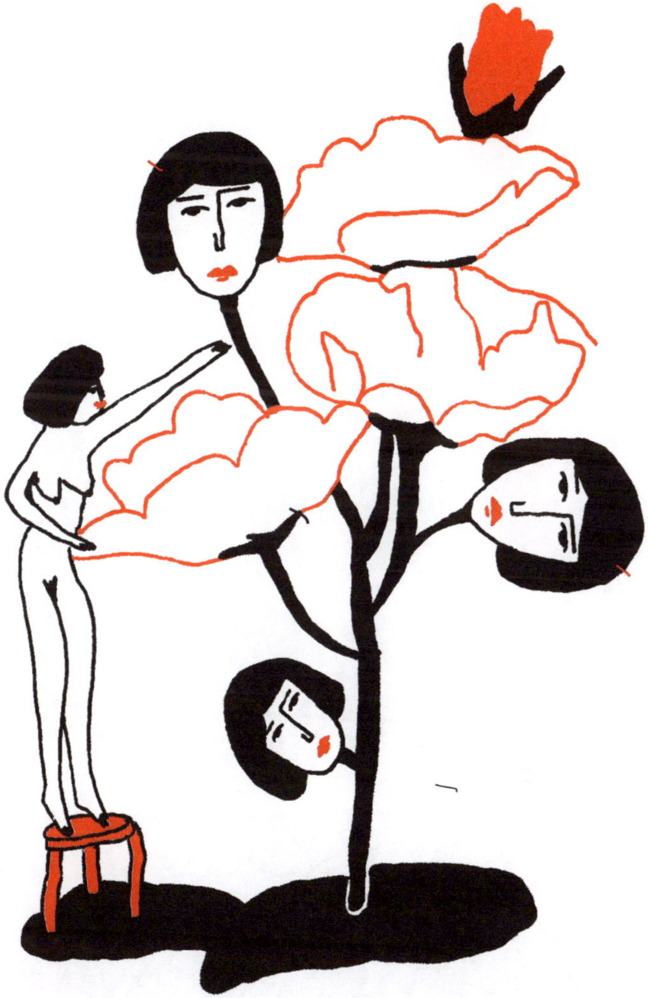

TRÊS:

MUITO DIFÍCIL

alguns dias nos rasgam ao meio para que a gente possa ver que dentro mora uma constelação. talvez você ainda não conheça a alquimia para cessar os abismos, talvez o gosto da coragem das estrelas esteja mais próximo do que você imagina, talvez você precise de mais tempo para aprender a não pular o precipício, talvez você perceba que a magia está dentro dos seus olhos, talvez o chão não seja tão assustador assim, talvez ser terra fértil comece com suas mãos tocando seu rosto, talvez você não seja somente a dualidade (mas o infinito), talvez a saída seja o recomeço dos seus passos, talvez você precise dizer não, talvez você precise acreditar no seu próprio sim, talvez o mais complicado seja crer no movimento constante do seu transbordar, talvez seja você primeiro continuamente, talvez a solidão seja uma reza das mulheres que firmaram o compromisso de não fugir de si mesmas.

eu sei, os últimos meses te deixaram desnorteada
e ferida. há um chamado em andamento nessas horas
difíceis. você já sabe o que precisa fazer, mas
te recordo:

teime.

arrisque trocar de pele mais uma vez.

mostre pro espelho que você segue viva.

Ryane Leão

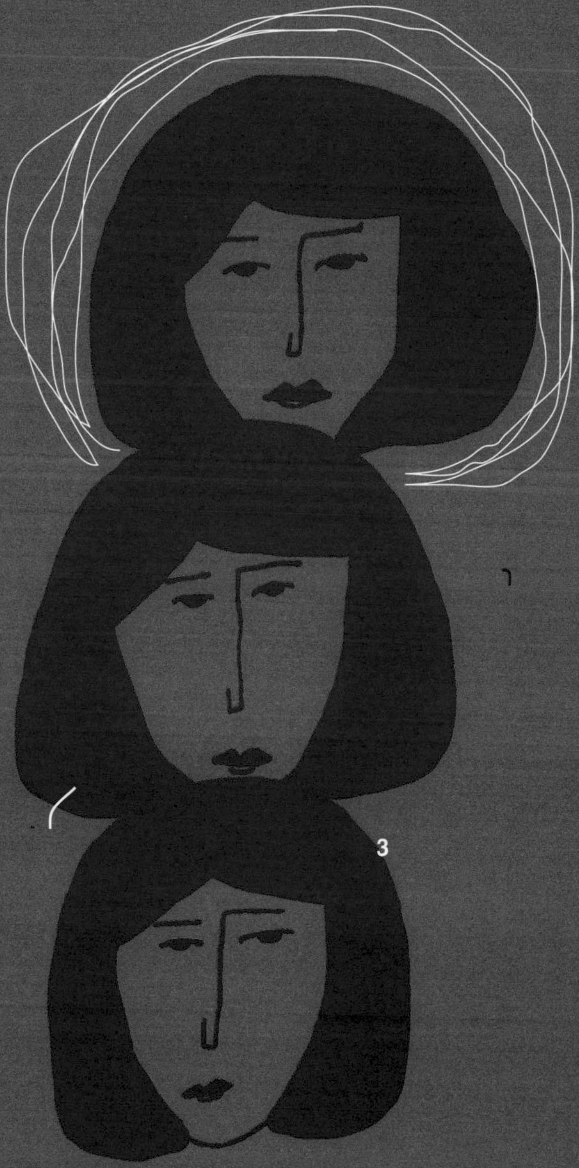

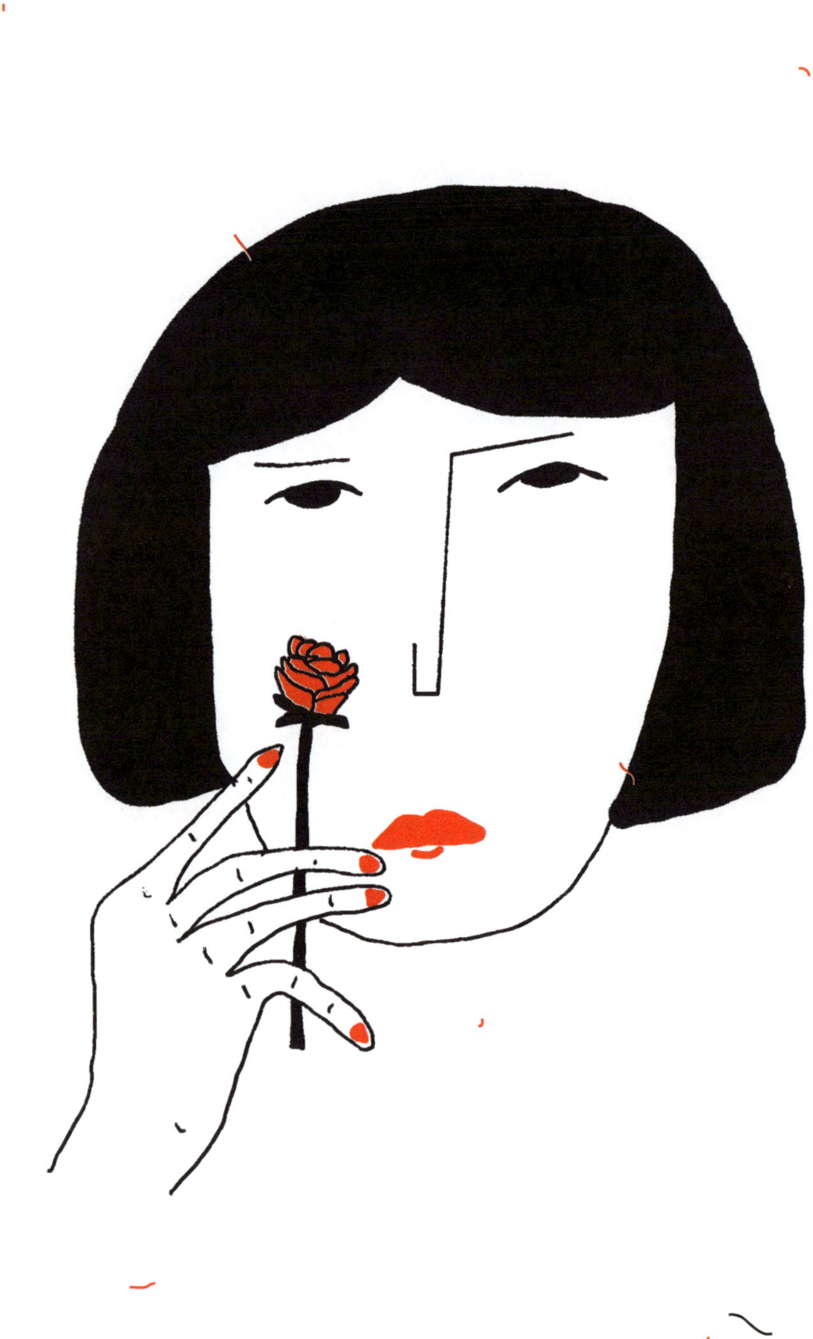

THIS IS (NOT) THE LAST TIME.

saber
lidar
com o
erro
é mais
importante
do que
não   errar.

TODOS OS LADOS

quando a gente
só mostra o lado bom
das coisas, parece que
é o único lado que
existe.

talvez eu seja
um dado.
são tantos lados.
nem sempre mostro o mesmo.
é tudo uma questão.
de perspectiva.

visto de cima.
que lado que mostra?
6?
o 6 parece até bom.

é norma
a gente só querer
os lados bons
de tudo.
é normal?

quem inventou.
essa coisa de lado
bom e lado ruim?

<u>decidi, aos poucos.</u>
<u>fazer as pazes.</u>
<u>com todos os lados</u>
<u>que são</u>
<u>meus.</u>

jogar na sorte.
o lado que cair visível.
deixa mostrar.
1.
2.
3.
4.
5 e
6.

PONTO.

sobre todos
os pontos:

1) pontos de vista.
o meu, o seu,
o nosso.
respeito.

2) ponto-final.
aqui o meu.
limite.

3) vírgula.
continuar é preciso.
nem tudo é fim.

4) ponto morto.
neutralidade
é ausência.

5) ponto de interrogação.
nem sempre,
mas às vezes
é preciso.
resposta.

<u>ponto também
é linha.</u>

é aquilo
que divide
as coisas.

pra lá,
pra cá.

o tal do
limite, de novo.

faz pouco
que aprendi
a não
ultrapassar
meus
pontos.

seja
lá qual
for
o tipo.

OS MEIOS.

Há pouco tempo tive uma epifania,
acordei no meio da noite, eram 3 horas.
Peguei meu caderninho da cabeceira
e escrevi meio dormindo.
Quando acordei, me lembrei desse momento,
mas não lembrava o que tinha escrito.
E estava lá: "AMOR TRANQUILO?".

Nunca entendi por que minhas
relações seguiam o mesmo padrão de quente ou frio.
E por mais que eu tentasse mudar esse padrão, parecia
que ele tava ali, nos meus poros.

Então, percebi que existiram duas referências
de amor na minha vida:
A) quase nada, muito pouco, se vira aí.
B) MUITO, muito, quase um sufocamento.

E assim segui em todas as minhas relações.
Tudo ou nada. Amor ou ódio.
Falar todo dia ou não falar momento nenhum.
Ver tudo o que a pessoa faz ou não ver nada.
Era tudo "OU".
Mas e o "E"? E o meio-termo?
Aquele negócio chamado equilíbrio?
Claro que não dá para ser um mar de
rosas o tempo todo.

Eu trabalho com a realidade.
Sempre trabalhei, tive tanto medo de
me iludir que fui pro lado oposto.

Vivi uma vida de opostos.
E sabe o que mais?
Os opostos não se atraem.
Sem contar a gastação de energia
que é viver isso dentro da minha cabeça.

Mas eu entendi o que eu quero.
Eu quero um amor tranquilo.
E se isso for ilusão?
Tudo bem, vou me iludir.
Mas ele existe, esse amor existe.

O que fica entre o tudo e o nada?
É o meio?
Tá, então eu quero um meio.
Meio amor.
Não no sentido de metade.
Mas no sentido de meio-termo.
E sinceramente não prefiro o
muito do que o pouco.
Eu prefiro o meio.
Porque no meio dá pra
viver tranquilo.

ALPINISTA DE FUNDO DO POÇO.

sempre fui
uma boa escaladora.

mas daquelas
que escalam as
montanhas
côncavas.

escaladora de dentro?
escaladora de descidas?

é contraditório,
eu sei.

visto que escalar
significa subir.
mas às vezes é
só descida.
mesmo.

nunca
tive medo
do profundo.

<u>sei que</u>
<u>pra sair,</u>
<u>antes,</u>
<u>é preciso</u>
<u>entrar.</u>

mas entrar
tem seus
riscos.
dá pra se perder
no fundo.

numa dessas escaladas
ao contrário,
me perdi.
o caminho de volta
ficou mais
difícil de achar.

pendurei todos os
quadros nas paredes
da minha montanha
côncava.
decorei, dessa vez
ia demorar.

quando subi
de volta,
percebi.
na verdade
sou uma
escaladora mesmo.

pra toda
descida tem
uma subida.

alpinista de fundo
do poço.

OBJETO.

talvez difícil
tenha mudado
de significado.

e virado
só uma desculpa
quando as coisas
ficam menos
fáceis. pro lado de lá.

mas e o lado
de cá?

ceder o
tempo todo
cansa. muito.

<u>nenhuma mulher
veio pro mundo
pra ficar
no mudo.</u>

pra ser um objeto
em cima de
uma mesa. estático.

aguardando
o movimento
do outro.

aguardando.

apenas
aguardando.

e até quando
eu preciso aguardar
e guardar tudo?

difícil.
é difícil mesmo.
é difícil ouvir.
é difícil
entender o espaço
do outro.
é difícil dividir
esse espaço.

é difícil
uma mulher
que fala.

que diz
não atrás de não.

prefiro então,
ser difícil.

ser difícil
pra ser
mais fácil.
pra mim.

NÃO CONTE COMIGO.

*Não me lembro da primeira vez que ouvi essa frase,
mas foi o suficiente para nunca mais esquecer.
Não é que eu estivesse sempre buscando uma resposta afirmativa
para tudo, seria muito ingênuo da minha parte.
Mas existem muitas formas de dizer não.*

*Cresci assim.
De mudança em mudança, de apartamento para apartamento,
de escola para escola.
Numa profunda solidão.
Tinha medo de criar laços e precisar contar com alguém.*

*Cresci assim.
Para ser mulher independente que dá conta de tudo.
Assisti à minha mãe, na primeira fila, fazendo o mesmo.
Ela não tinha outra opção.*

*Cresci assim.
Achando que não existiam opções.
Que a gente nascia marcada com uma escolha que vinha lá de cima.
Meu destino não é do cosmos.*

*Ninguém me contou que era impossível não contar com ninguém.
Que carregar tudo sozinha é pesado.
E que a força não é medida pela quantidade de peso que se carrega.
A força pode – e deve – ser medida pela inteligência de saber o que
eu posso carregar.*

E o que eu não posso? Humildade.

Ninguém me contou também que tem pessoas que não conseguem dar suporte aos outros.
Elas mal conseguem dar suporte a si mesmas.

E se você olhar para o lado esquerdo, pedir ajuda e ouvir "não conte comigo",
não é a hora de desistir.
É só um aviso para você olhar para o outro lado. O direito.
Tem gente lá também.

NADADORA DE COPO CHEIO.

imediatista:

um diagnóstico
me dado
no presente.
e no
passado.
também.

mas imediatista
só para o
outro.

um limite
no susto.
uma transbordada
de copo.

mal sabem
eles tudo
que eu
já vivi
aqui dentro.

antes de
colocar
qualquer
coisa
pra fora.

de imediato
para eles.

para mim,
um tempo
arrastado.

tempos diferentes?

talvez
o meu tempo
não seja
o mesmo
tempo do
outro.

<u>talvez eu
seja uma
imediatista
lenta.</u>

acho que
estou mais
para
nadadora
de copo
cheio.

dou longas
braçadas
até o
copo
transbordar.

QUE PENA.

<u>mulher leve.</u>
também
conhecida
como
silenciosa,
quietinha,
aquela que
aceita tudo,
cabisbaixa,
"calada vence"
e sem mimimi.

o cara faz
o que
quer, mas
a mulher
leve nunca
reclama.
para ela está
sempre tudo bem.

tudo bem
para quem?

descobri que
<u>leveza é privilégio.</u>
e privilégio é
substantivo masculino.

109

O QUE ME CABE.

o que me sobra
quando corto
meus "excessos"
pra caber
nos vazios
dos outros?

às vezes
não caber
é o que me
cabe.

se eu
não quiser
me encaixar,
posso
deixar sobrar?

<u>o que se</u>
<u>faz quando</u>
<u>não me sobra</u>
<u>nada?</u>

quem disse
que o que
eu sou
é excesso?
isso aqui não
é excesso,
é essência.

MÃO DUPLA.

não sei se ainda consigo.
viver só com
o mínimo.

equilíbrio me
falta.
doar muito.
receber muito
pouco.

aprendi que era
preciso doar sem esperar.
sem receber nada.
em troca.
sem troca.

alguém vive
sem troca?

não sei se isso
é justo.
para mim.

não posso
mais me trocar.
por ninguém.

quero caminhar
em vias de mão dupla.

não é pedir
muito.
é?

CARACOL.

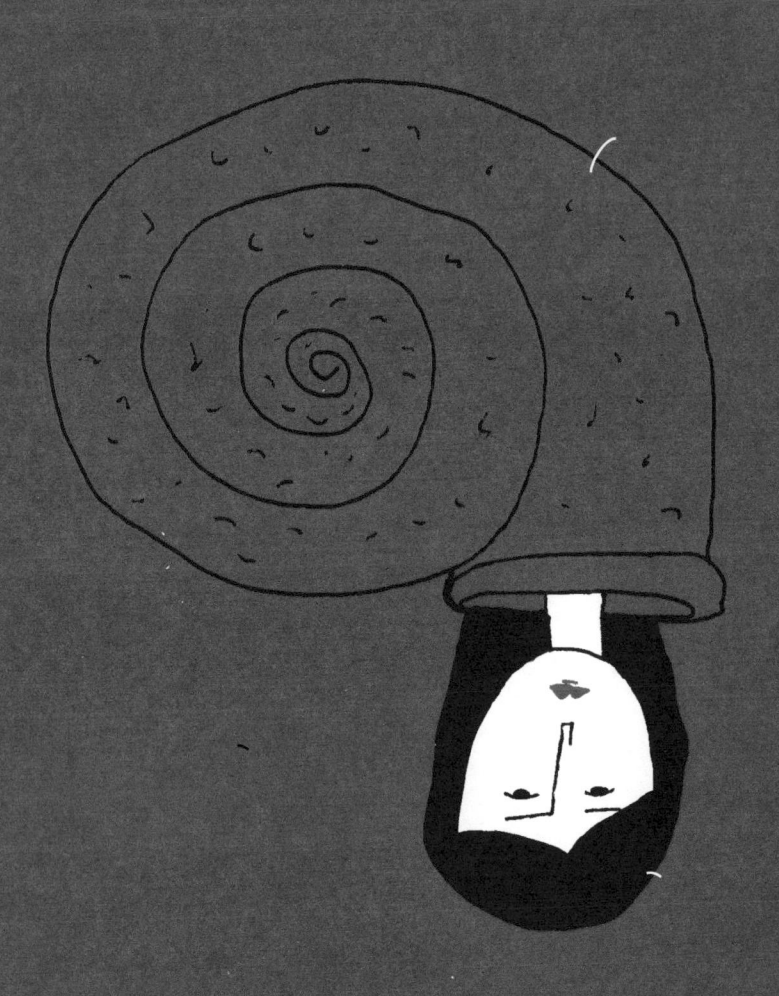

volta e meia troco
de casca.
não por obrigação.
mas por necessidade.
é necessário deixar
algumas coisas para trás.
mesmo que uma delas
seja um pedaço seu.
já me despedacei inteira.
já me despedi dos pedaços.
mas, na volta, sempre
falta uma parte do tetris.
e é nessa hora que
eu recalculo a rota.
começo de novo.
com peça faltando mesmo.
"nem todo vazio é para ser
preenchido, Marcela",
diria minha psicanalista.
trocar de casca também
é sobre viver com
esses vazios.
vazios esvaziados.
desocupados.

a casca grossa voltou.
agora já posso seguir.

FAXINA.

a indisponível
sou eu:

que carreguei
tantos vazios
dos outros
achando
que ia me
encher
de algo.

ou preencher.

souvenir?

que não sei
dizer não
quando quero
dizer não.

que não
sei dizer
sim quando
quero dizer sim.

que me anulo
para ser
compreendida.

e que também
me exponho
na espera
que o
outro lado
me escute.

<u>fechei</u>
<u>as portas</u>
<u>e as janelas.</u>
<u>como alguém</u>
<u>pode me escutar</u>
<u>aqui de</u>
<u>dentro?</u>

a coragem disfarçada
de medo.

o medo disfarçado
de desconstrução.

mas antes
de abrir
as portas,
é preciso trocar
os móveis
de lugar.
organizar
a casa.
não adianta
receber visitas
com toda essa bagunça
aqui dentro.

MARIA   MOLE.

acolher
o estranho.
acolher
o temporário.

é tudo
temporário?
é tudo
temporário.

lutar por mim.

toda luta precisa
de agressividade?

acho que eu posso
lutar por mim e
me acolher
ao mesmo tempo.
me acolho lutando.
luto me acolhendo.

luto luto
luto luto.

no meio de
tanto luto,
me esqueci da doçura.

me enrijeci.

aparentemente
ser mole
é algo
muito ruim.

dá para ser meio mole?

um pouco de doçura,
um pouco de luta.

meio a meio.

acolher
o amolecimento.

não só
o de dentro,
mas também
o do meu
corpo.

é tudo
temporário.

só não
se esquece
do filtro
solar no
pescoço.

AS LINHAS

INVISÍVEIS

PARECEM

MAIS

DIFÍCEIS

DE

ULTRAPASSAR.

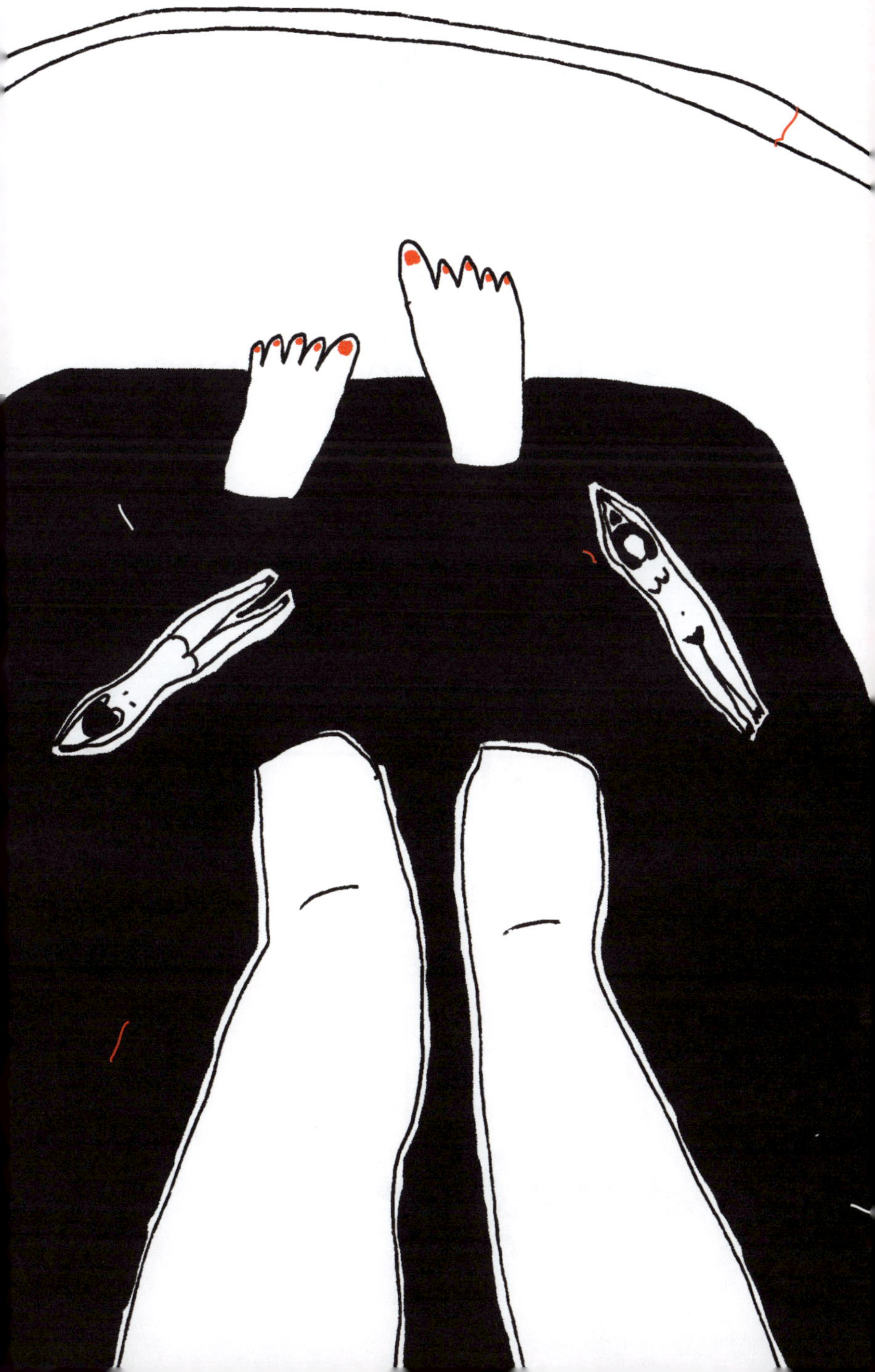

DEIXAR IR

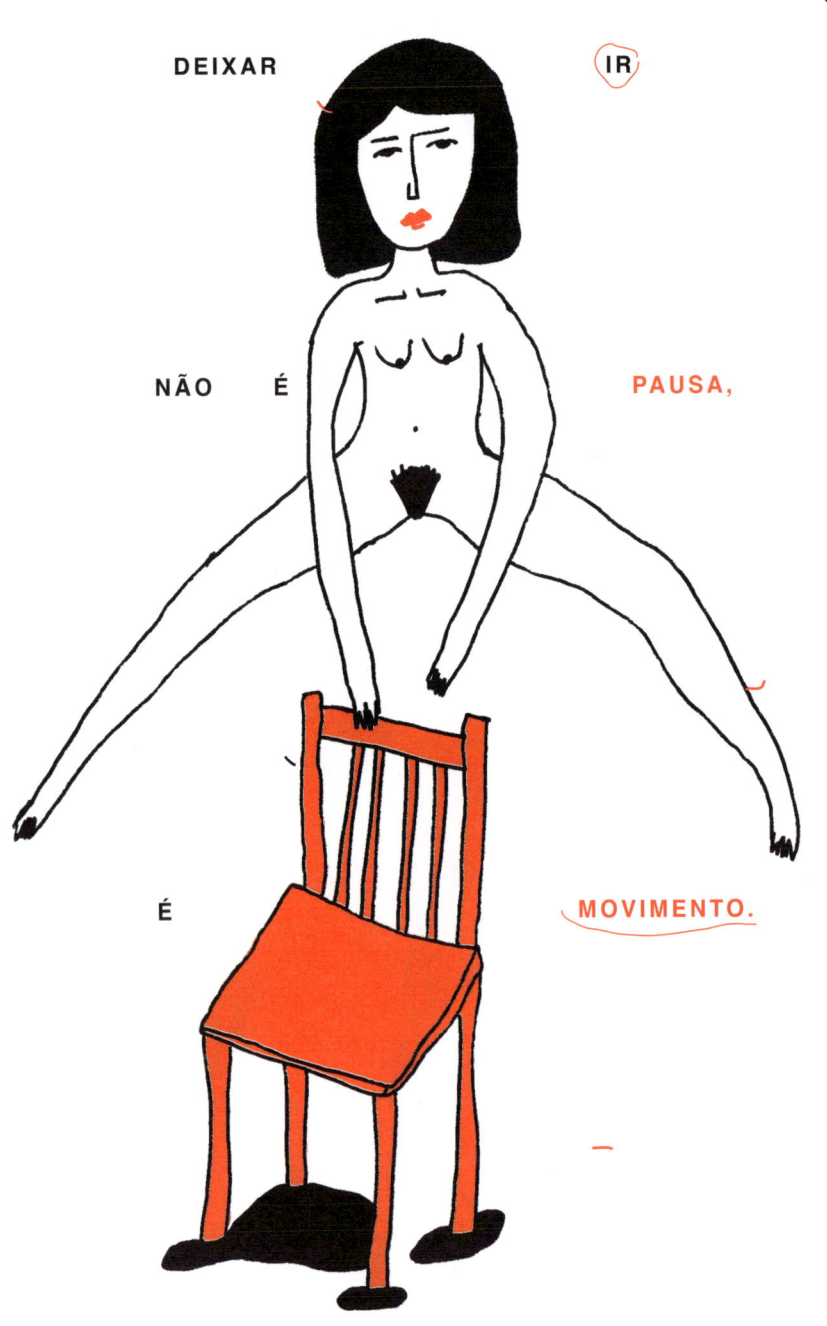

NÃO É PAUSA,

É MOVIMENTO.

CABE A MIM

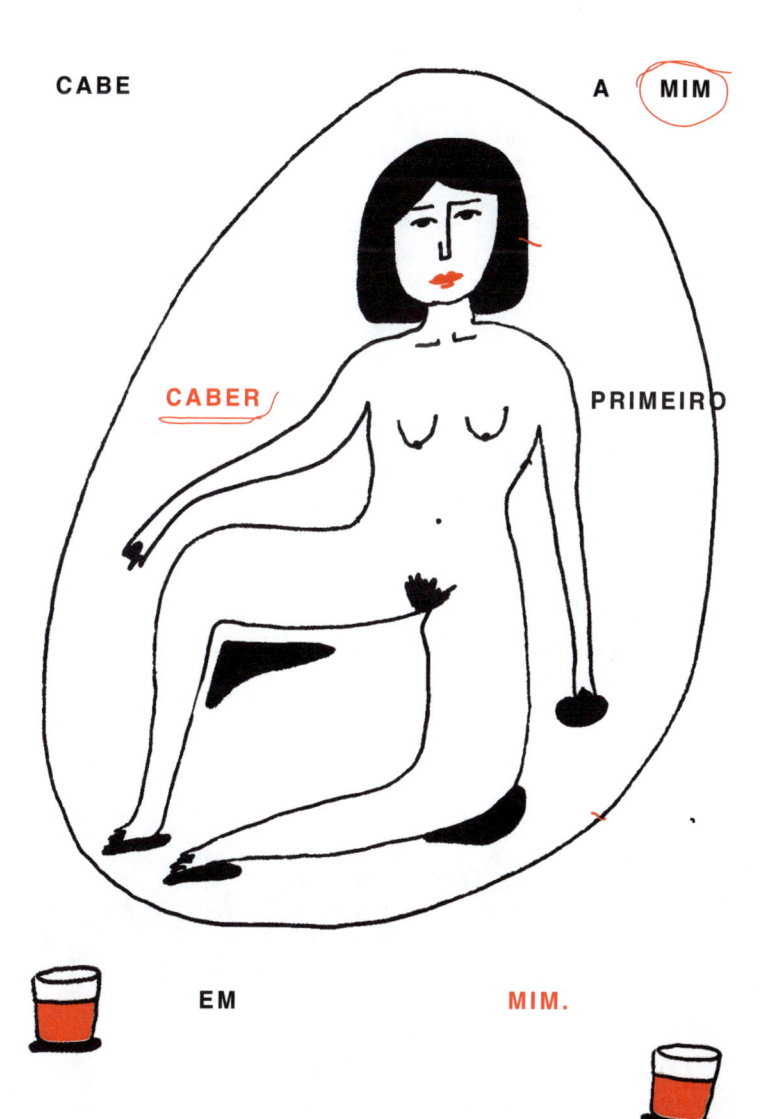

CABER PRIMEIRO

EM MIM.

INDEPENDÊNCIA OU AMOR?

Tenho lido muito sobre o amor, virou quase uma obsessão. E decidi buscar a raiz dessa vontade que me acometeu nos últimos meses. Talvez a raiz esteja na falta. Não na falta do amor em si. Não é tão simples assim. Nada é. Mas na falta de conhecimento sobre o amor. Eu acho que eu não sei o que é o amor. E lendo bell hooks, tive essa certeza.

Venderam pra gente o pacote da mulher independente contemporânea: autoestima, autoamor, autossuficiência e sei lá quantos outros autos. Eu sou a favor dos autos. Eles têm uma importância enorme, a mulher aprendeu agora a olhar para si, a se cuidar e a se amar. Confesso que passei anos me endurecendo de tanto que ouvi o quão sensível e dramática eu era. Ainda sou. E vou continuar sendo. Mas comecei a fingir. Até porque mulher independente é forte, né? Não pede ajuda, resolve tudo sozinha, coloca parafuso na parede, piriri parara... Eu sou cria de mulheres independentes: minha mãe, minhas tias e minhas avós faziam tudo. Cresci sabendo que a mulher se bastava. Mas acho que o problema está aí. Alguém se basta? Ou então, alguém é suficiente para si mesmo a ponto de não precisar de ninguém? Foi nesses autos todos que viramos responsáveis até pelo amor que recebemos ou deixamos de receber. E mais: somos também responsáveis por nos amar a qualquer custo. Eu não me amo todo dia, é impossível. Talvez eu me ame 3 vezes por semana, e falando isso em voz alta será que eu perco minha carteirinha de feminista? "O amor-próprio não pode florescer em isolamento." Essa frase da bell hooks me pegou de jeito.

Entendemos o individual, mas será que entendemos o indivíduo dentro do coletivo? O outro existe. Para além de mim, mas também comigo.

Dentro de todas essas escolhas, gostaria que desta vez uma coisa não fosse contrária da outra. Independência e amor. Tem amor na independência e tem independência no amor. Pelo menos no amor que eu comecei a acreditar.

LEGÍTIMA DEFESA.

o problema
em não ver
problema de
ficar sempre
sozinha.

sempre fui sozinha.
desde criança.

brincava mais
sozinha do que
acompanhada.
minha imaginação
era minha companhia.

ao crescer
percebi que gostar
de ficar sozinha
era uma constante
até que
despreocupante.

percebi também
que ser
introspectiva e
sociável ao mesmo
tempo é possível.

a ambiguidade faz
todo sentido.
talvez eu seja
dependente
da minha
independência.

e o problema
é esse.

não dá pra
fazer tudo
sozinha.

ajuda não é
sinônimo
de fraqueza.

<u>casca grossa</u>
<u>é mais</u>
<u>sobre defesa</u>
<u>do que</u>
<u>proteção.</u>

QUATRO:

EXAGERADA

O exagero é uma régua sem medida certa, seja qual for - a do outro, dos outros, a minha. Se reparar direitinho, é só uma linha imaginária que muda de sentido e direção a partir de um pequeno deslocamento. Ao ouvir "exagerada", lembrar: isso nem existe de verdade.

Lorena Portela

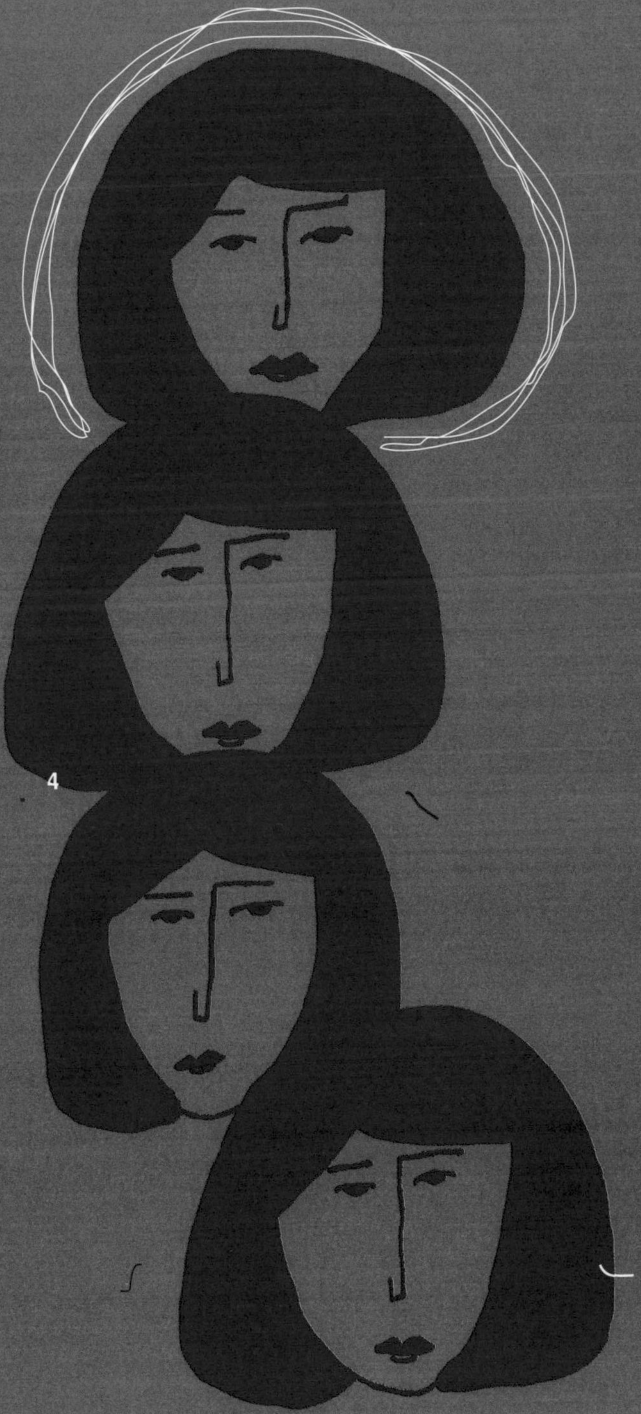
4

COMEÇO, SEM MEIO E FIM.

a abstinência
de se empurrar
pro fim antes
mesmo do começo.

passei um tempo
acomodada.
nesse estado
de constante alerta.
era preciso fugir.
quase que o tempo
todo.
de tudo.

viver com medo.
do meio.
ou seria
viver com medo do fim?

realmente, sou
péssima em despedidas.
adeus.
"separação física."

por um tempo,
achei mais fácil não
ter partida.
criei um mecanismo.
se não viver nem o começo,

nada vai chegar
ao fim.
ponto.
mas se não
viver o começo,
o que me resta?
não viver?
isso,
não viver.

preciso então
aprender.
a viver todas
as partes.
começo, meio
e o fim.
é preciso chegar
ao fim das coisas.
<u>e todo o fim</u>
<u>é também</u>
<u>recomeço.</u>

SEM   OPÇÃO.

a cura está no
atravessamento
das situações.

as boas e
as ruins.

quero a coragem
para viver
os meus sucessos
assim como vivo
os meus fracassos.

quero a humildade
para viver
os meus fracassos
assim como vivo
os meus sucessos.

ignorar
sentimentos
não é uma
opção,
para mim.

133

LABIRINTO.

parece que
criei muitos
caminhos.

será que dá
pra se perder
por dentro?

por
quanto tempo?

tem dias
que não
me acho
de jeito
nenhum.

hoje foi mais
um.

brincar
de labirinto
sozinha
poder ser bem
solitário.

tanto
contratempo.

fico aqui
no eco.

orientada
pela
desorientação.

[mas será]()
[que um]()
[dia eu]()
[me acho?]()

talvez viver
seja esse
eterno se procurar.

QUERO AMOR SEM FALTA.

Hoje faz 4 meses que não penso em você.
Hoje faz 4 meses que não penso naquilo que criei de você.
Hoje faz 4 meses que não penso naquilo que você
era apenas dentro da minha cabeça.

Mas me dei conta de que sinto falta de amar.
E isso não é desespero. É tudo menos desespero.

Não me sinto desesperada. Não me sinto sedenta.
Só me sinto saudosa.

Não é desespero sentir saudade de amar.

Tá liberado querer amar. Tá liberado gostar de amar.
Mesmo que esse amor venha com uma bagagem imperfeita.
Porque sempre vem.

Hoje faz 4 meses que eu percebi que nunca te amei.
Hoje faz 4 meses que percebi que amei o fato de querer amar.
E isso, isso sim, é desespero.
Querer amar e amar são coisas diferentes.

Mas veja bem, amar também é uma escolha.
A gente escolhe todos os dias o amor.
Então a gente ama e quer amar.
Nessa ordem?
Não sei se tem ordem.

O amor tem ordem? Tem ordem no amor?

Hoje faz 4 meses que percebi que não dá para forçar o amor.
Hoje faz 4 meses que percebi que dá para sentir falta de amar,
mas não dá para amar por essa falta.
Não dá para criar qualquer coisa na cabeça
e sair achando que é amor.
Será que a gente sempre ama pela falta de algo?
Amor é preenchimento?
Amor é preenchimento de vazios?
Aí a gente cai naquelas. Da metade da laranja.

Então quero amar pelas sobras.
Quero amar porque me sobra amor.
Quero amor sem falta.
Quero amor que sobra.

A HORA INCERTA.

tenho pós-graduação
em empurrar
as coisas
com a barriga.

mas não empurro
qualquer coisa.

a maioria das pessoas
gosta de empurrar
o que não gosta.
já eu, gosto
mesmo é de empurrar
o que eu gosto.

empurro
tudo aquilo
que quero
muito fazer.
mas não
faço.

sentido?
nenhum.

mas empurrar
com a
barriga parece
mais fácil.

não tem erro.
não tem queda.

empurro
em linha reta.

sei pra onde
tudo vai.
controlo.

talvez empurrar
com a barriga
seja prima
da ideia de esperar
a hora certa.

que hora certa?

alonguei o corpo.
toquei os pés.

pra ver se minha
barriga
entende que não
tem mais nada pra
empurrar.

a hora
incerta
tá aqui.
eu   vou.

AUTO.

percebi que peço
muitas desculpas.

não por errar.

mas por ser
quem sou.

"desculpa, sou muito isso."
"desculpa, estou muito
aquilo."

e a lista de issos e
aquilos é enorme.

<u>por que vivo,
incansavelmente,
me desculpando
por tudo
o que falo e sou?</u>

autopodação.
autoprivação.
autopunição.
mas sem
autocuidado.
fico só nos
autos
negativos.

essa coisa
de se achar
inadequada boa parte
do tempo.

minha terapeuta
disse que
era para eu focar
no que
eu acho de mim.

e menos no olhar
do outro.
mas talvez esse
seja o maior
problema.

o que eu acho de mim.

o meu autoachismo
não é lá
muito positivo.

então eu tenho que
focar em quê?

em não achar
mais nada?
será que o caminho
é, também,
se perder?

QUANTO TE CUSTA?

não se
vive
à
custa
dessas
      <u>expectativas.</u>

eu até
poderia
ser muitas
(outras)
coisas,

mas decidi
ser.

eu mesma.

não
se vive
à custa
dessas
expectativas.

das
minhas.

das
suas.

143

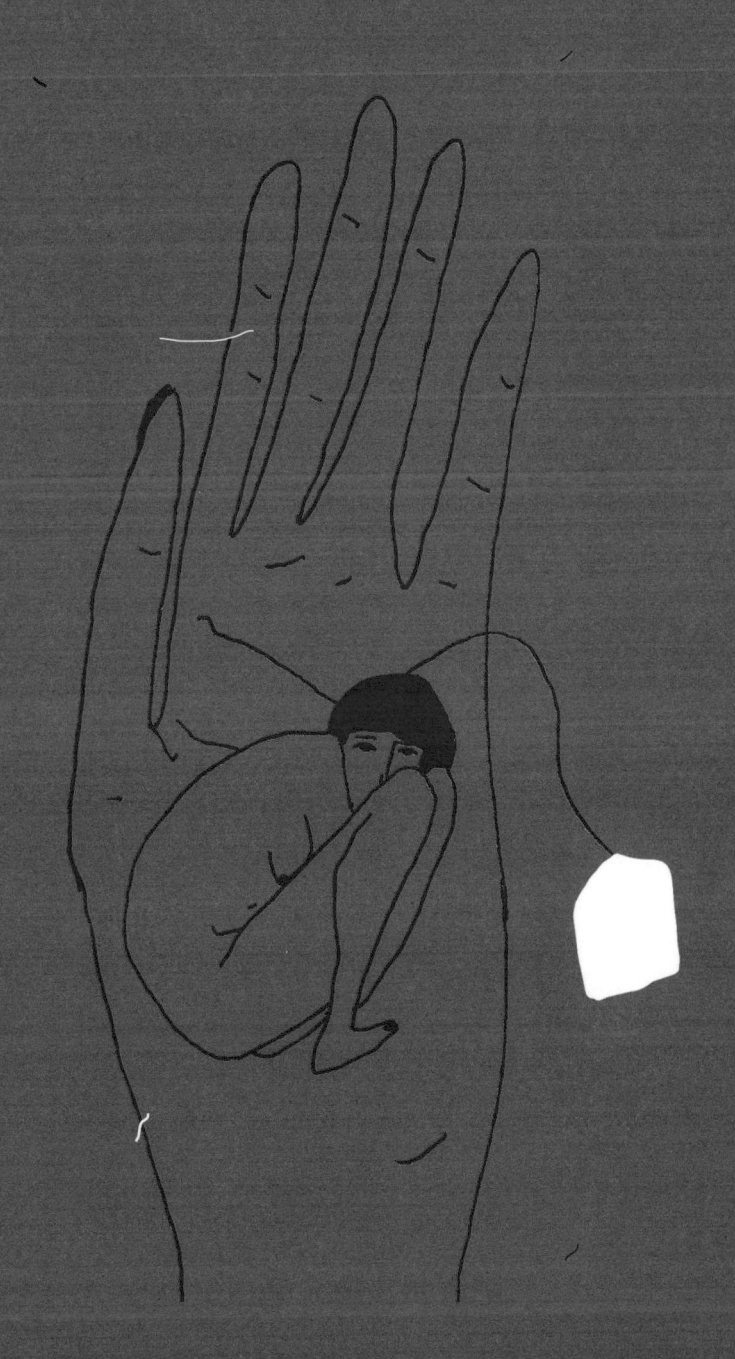

PENSO   TANTO

QUE

ÀS VEZES

ATÉ   PESA.

E PENSAR
VIRA   UM

BICHO.

DE   MUITAS,

CABEÇAS.

SERÁ QUE

PARAR

O PENSAR

VAI

PESAR

MENOS?

SEI NÃO.
VOU
PENSAR SOBRE

ISSO.

INDISPONÍVEL.

parece que
só sei
flertar
com o
indisponível.

pelo visto
portas
fechadas
me interessam.
fico querendo
achar
as chaves.
"padrões",
diria a minha
psicanalista.

é cansativo.
carregar
a mudança
do outro
que não
quer mudar.

comigo
não vai
ser
diferente.

e eu?
por que
não mudo
de lugar?

já é
difícil
o suficiente
tentar achar
as chaves
das minhas
portas.

só é disponível
quem quer
ser.

só
muda
de porta
quem
está
disposta
a abrir
a própria.

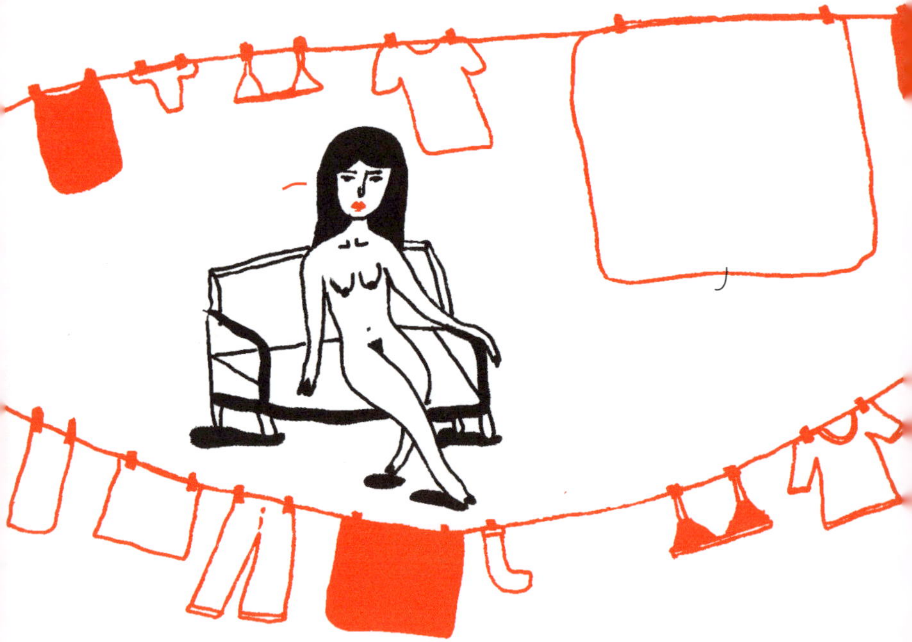

GUARDA-ROUPA.

me
despir
do que
vem
de fora.

para me
vestir
com o
que vem
de
dentro.

RIDÍCULA.

Dia sim, dia não, eu me sinto ridícula.
É, de fato, um sentimento meio constante na minha vida.
E esse sentimento sempre me gerou insegurança.
Me sentia ridícula e parava de falar.
Me sentia ridícula e parava de escrever.
Me sentia ridícula e parava de sair.
Parava. T-U-D-O.
Parava de ser.
Parava de ser eu mesma.
E é nessa pausa que mora o perigo.
Eu não sou uma televisão. Que pode pausar e voltar depois.
Ser é contínuo. Ser é construção.
Mas depois de ler muito sobre vulnerabilidade emocional, comecei a perceber que eu sempre me sentia ridícula pensando no que o outro achava de mim.
Era como se eu saísse do meu corpo, flutuasse e me julgasse.
(Não basta me julgar de dentro. Tinha que me julgar de todos os lugares possíveis.)
Comecei a perceber também que nessa sensação do ridículo moravam outras coisas.
Coisas boas. Coisas bonitas.
Porque se sentir ridícula é, também, medo.
Medo de sair da zona de conforto. E tantos outros medos.
O medo tem esse poder, né?
Mas sair da zona de conforto é preciso.
É movimento. É recomeço.

"Todo recomeço nasce de um incômodo."
Talvez se sentir ridícula seja mais sobre autenticidade.
Uma vez falei num podcast que toda vez que eu me sentia ridícula eu sabia que estava no caminho certo.
Porque eu estava sendo eu mesma.

Sejamos ridículas então.
É no ridículo que mora a autenticidade.

TETO DE VIDRO.

eu erro todo dia.
me pego julgando.
a mim.
às outras.
é sempre no feminino.
sempre.
mas logo repenso.
me recomponho.
não sou exemplo.
de nada.
sou assim.
mulher real.
normal.
cheia de arestas
pontiagudas.
aqui é tudo imperfeito.
anti-heroína.
contraditória.
falo coisas.
faço o contrário das coisas
que acabei de falar.

mas cheguei
à conclusão
de que contradição
é perfeição.
isso aí não existe.
não dá pra ser algo que
eu não consigo ser.

e não dá para
ser uma coisa só.
sou muitas.
sou tantas.
sou polos opostos.
me contradigo
o tempo todo.
digo e retiro.
desdigo.
mas isso quer
dizer que
estou sempre
repensando.
repensando a minha
própria existência.
então, sem contradição
só me resta
a inércia.

<u>e se eu posso</u>
<u>escolher,</u>
<u>escolho sempre</u>
<u>me contradizer.</u>

APRENDI

QUE   O

QUE   NÃO

SE   FALA,

ENGASGA.

GUARDAVA

TUDO

E NÃO

ME

RESTAVA

NADA.

FRANJA 1 X PEITO 3.

com tantos
buracos
no peito,
achei que
precisava
de algum equilíbrio.

então cortei
a franja.

a cavidade
central dos
fios me deu
um certo prazer.

mas por que
um buraco na
testa parece
doer menos,
apesar de
mais visível?

<u>parece
que tudo
aquilo que
não vejo
acaba
sendo mais
dolorido.</u>

não dá para
ver nenhum
buraco do peito
a olho nu.

é preciso
sentir.

caminhando
na rua.
ninguém imagina
essa coleção de buracos
que eu tenho
aqui do lado
esquerdo.

não sei se dá para
remendá-los com linha
de costura.

pra ver se cicatrizam
mais rápido.

a franja parece
que não tem jeito.
tem que deixar
crescer.
será que eu
também
tenho que deixar
o peito crescer
para os buracos
sumirem?

QUANTAS VEZES DÁ PARA VIVER O MESMO FIM?

Ontem pensei em você de novo.
Terceira vez seguida nesta semana.
Me perguntei se você pensava em mim.
Mas na verdade isso nem faz diferença.

A gente não nasceu pra viver nada
Daquilo que eu imaginei.
Amor romântico e et cetera.
Tudo aquilo que, deus me livre, falar em voz alta porque
Vou parecer uma garotinha que sempre sonhou em casar.

Eu não sou uma garotinha.
E eu não quero casar.
Mas também não posso abrir o jogo.
Demonstrar.
Dizer com clareza o que eu quero.
Ou sinto.
Tenho certeza de que se eu dissesse,
você sumiria na segunda frase.
"Preciso trabalhar e resolver umas coisas, depois a gente se fala."
É assim que tudo termina.

Não sei se eu nasci pra pisar em ovos.
Tem habilidades que, para além da prática, é preciso querer.
Eu não quero.

Normalmente nesse ponto é quando a preguiça
Toma conta da minha cabeça.
E eu desisto.

Desisto porque já sei onde tudo isso vai dar.
Sim, eu tenho bola de cristal.
Não vai dar em nada.
Nunca dá.

Queria que você parasse de voltar.
Quantas vezes dá pra viver o mesmo fim?
Isso aí é "vale a pena ver de novo", sabe aquele
Que passa na globo?
Eu não gosto de ver coisas repetidas.

CLEMENTINE.

e quando
chega ao
fim,
fingir que
nada aconteceu.

até começar
tudo de novo.

pra fingir
outra vez.

a verdade é que
eu sou péssima
em fingir.

esse desapego
da memória.
um pouco
Clementine.
em "Brilho eterno de uma mente
sem lembranças".

começar do zero.
sem lembrar.

e também
sem fingir.
mas aí me lembro.

de que a
memória faz
a gente ser quem
a gente é.

passado.
presente.
futuro.

tudo junto.
eu,
vivo.
vivi.
viverei.
todas as
conjugações.

sem
memória
não
somos.

nada.

<u>só queria</u>
<u>parar</u>
<u>de fingir.</u>

<u>no   fim.</u>

CINCO:

<u>HISTÉRICA</u>

Ninguém arranca os cabelos à toa. Se tantas mulheres gritaram e puxaram seus tufos foi por aquilo que incutiram nas suas cabeças.

Giovana Madalosso

163

PULMÃO.

ainda sinto
o peso de mostrar
quem sou.

construção.
pro outro.
pra mim.

às vezes sinto que
ninguém ainda está
completamente
preparado
pra ser quem
se é.
e às vezes sinto
que ninguém ainda
está completamente
preparado
para receber quem
o outro é.
na crueza.
sem esse medo.
do ridículo.
de mostrar tudo.
transparência.
defeito.
erro.
todo
esse lado
feio.

que a gente
esconde até
da gente mesmo.
queria só me sentir
confortável.
depois desse ímpeto
de coragem.
que coloca
tudo pra fora.
jorra.
quase
um vômito.

porque já não cabe
mais em mim.
não me cabe
mais fingir.
quero apenas
poder ser.
como sou.
pra mim.
pro outro.
pro mundo.
sem medo.

o peso
anda nas costas.
fico pensando
se vem do pulmão.
de tanto segurar
o ar.

MAÇANETA.

a mudança
exige
o
poder
suportar.

a mudança
exige
o querer
mudar.

um amigo me
disse que:
"a mudança
é uma porta
que se abre
pelo lado
de dentro".

<u>a mudança</u>
<u>é uma</u>
<u>escolha.</u>

PERCORRER

MUITOS

LUGARES,

MAS SEMPRE

VOLTAR

PARA MIM.

MELHORES AMIGAS.

Todo dia antes de dormir ela aparece.
E vem me contar tudo o que eu preciso fazer
amanhã e tudo o que eu deixei de fazer hoje.
Levanto da cama e faço muitas listas.
Escrevo tudo no bloco de notas do celular.
Demoro pra dormir. A ansiedade não tem sono.
Acordo. E ela tá lá, acordada também.
Pronta pra me dizer que hoje eu vou fracassar.
Nem adianta começar nada, não vai dar certo.

Ah, a ansiedade também tem uma outra amiga.
A síndrome da impostora.
Volta e meia as três saem juntas: a ansiedade,
a síndrome e a procrastinação.
É um círculo vicioso.

Mas percebi que fazer o mínimo é preciso.
Tipo levantar da cama.
Ir à academia.
Tomar café da manhã.
Ler um livro.
Coisas pequenas que na verdade são enormes.

Não quero participar desse encontro.
Ser a quarta amiga.

É complexo sair de dentro quando você está imersa.
Saramago tem uma frase que eu sempre acho pertinente:
"É preciso sair da ilha para ver a ilha".

Mergulhar em si é importante, mas antes disso é preciso aprender a nadar.
É muito fácil se afogar nesse mergulho.
E ninguém me contou essa parte.

ESCUTA.

às vezes fica tudo.
guardado.
engasgado.
aqui dentro.

nunca gostei
de holofotes.
o medo de aparecer
para o outro
era quase
insuportável.
alguém ia
me ver.
me escutar.
me julgar.

talvez por isso
passei bastante tempo.
calada.
sem voz.

no mundo.
no mudo.
à espera.
de alguém
falar por mim.

e sempre teve alguém
que falasse por mim.

<u>se acomodar</u>
<u>talvez seja o</u>
<u>maior dos incômodos.</u>

alguns
silêncios
são perigosos.

ainda não
sei como aprendi
a falar.
pra fora.
em voz alta.

ainda não
sei quando
passei a ter
mais medo de ser
invisível.
do que
visível.
mas não
preciso de
plateia.
às vezes só
quero gritar.
pra fora.
pra ver se me
escuto.
melhor.

ME DEIXA
SER.

ISTO TUDO

AQUI DENTRO

NÃO É

EXCESSO,

É

ESSÊNCIA.

REVERBERO.

lembrar que
o achismo
do outro
sobre mim
não é uma
verdade absoluta.

tudo aquilo
que achamos
do outro passa,
também, por
aquilo que
achamos de
nós mesmos.

o espelho só
pode existir
se estiver
o outro lá do
outro lado.

MAR.

saber
que eu
não sou
só profundeza.

na verdade
eu não
sou só
uma coisa.

sou singularmente
composta.
por contradições.

contradições
complementares.

uma alimenta
a outra.
até formar
quem eu sou.

olhei pro mar
e percebi
que até
ele é
contraditório.

profundo
ao entrar.

mas sem perder sua
superfície
quando encontra
a areia.

talvez eu seja <u>mar.</u>

SINAL   ABERTO.

às vezes o passado
se faz presente.

se medo fosse verbo,
a conjugação seria
pretérito imperfeito.

deixar ir parece mais
difícil do que voltar.

coragem é usar
o passado
como ponte.

atravessar   é preciso.

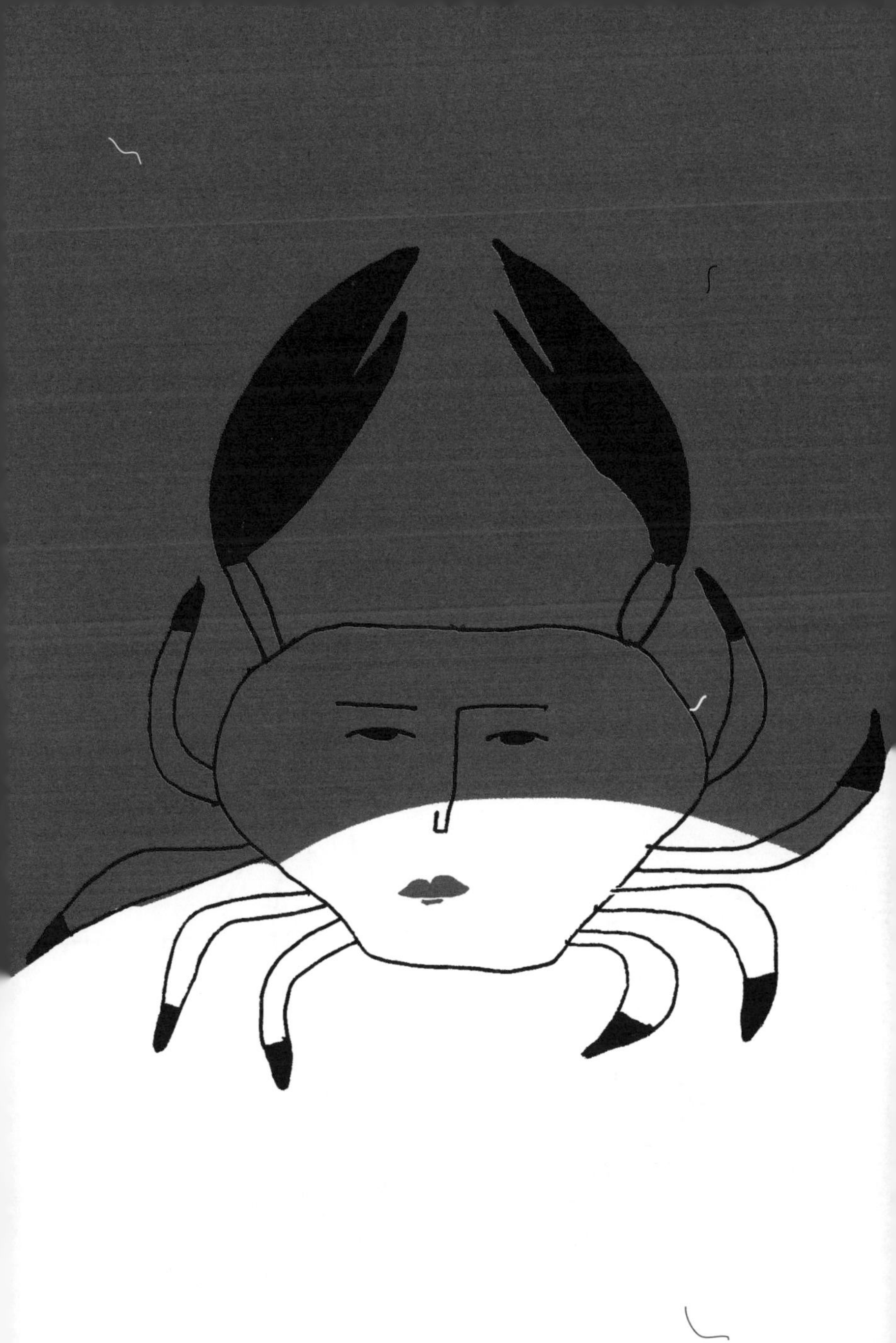

OLHO MÁGICO.

e mesmo
depois
de tudo,
estar aberta
para
                o afeto.

usar
as vivências
passadas
como um
"olho mágico".

espiar.

e entender
quem se
pode
deixar
entrar.

se eu
deixo todo
mundo
trancado
lá fora,
no fim,
a   trancada
sou eu.

POSSO IR FANTASIADA DE MIM MESMA?

*Esse negócio de vulnerabilidade
não é fácil.*

*Depois de muito custo, me livrei da casca grossa.
Quer dizer, parte dela (assim, uns 40%).
E olha, isso é muito (pelo menos para mim).*

*Aprendi com todos os percalços que a minha
sensibilidade era um poder.
E como todo poder, no início a gente não
sabe usar direito (fica tudo meio troncho).
Usa errado (muito errado).
Não sabe medir (a medida é muito importante).*

*Como eu já escrevi, não dá para fugir do sentir.
Mas dá, perfeitamente, para fugir do mostrar.
Dá para fugir de se mostrar (olha aí, a casca grossa).
Sempre dá. Sempre deu. Sempre fiz.
Até que um dia parei. A escrita e a arte me ajudaram nessa pausa.
Foram anos exercitando colocar para fora.
E vulnerabilidade é isso. Coragem para sentir e coragem para
mostrar.
Mas também não é mostrar tudo, né?
Não somos animais (meio-termo, meio-termo, meio-termo!).
É se mostrar, sem esse medo eminente do olhar do outro.
E, sinceramente, eu já não consigo ser outra coisa além
de mim mesma (credo, que alívio).*

E veio Vinícius (ele de novo) e me disse assim:
"Estou aprendendo agora o que você já vem sabendo:
não dá para não ser a gente mesmo com as pessoas".

Não, não dá. O custo é muito alto.
E esse boleto fica só para você (sem parcelamento).

Esse negócio de vulnerabilidade
não é fácil (nada fácil).
Dá um trabalho (trabalhão).
Mas já pensou ter que viver a vida inteirinha
fingindo? (que horror.)
Não, obrigada. Quero mais ser (eu mesma).
Guardar as máscaras para o carnaval.
Eu não gosto de carnaval.
Na verdade, eu não gosto de me fantasiar.
Fujo de qualquer festa à fantasia.
Sempre falo: "Posso ir fantasiada de Marcela?".
Deve ser porque eu já não consigo mais ser
qualquer outra coisa que não seja eu mesma.

A
ANSIEDADE
É:

NUNCA
VIVER
NO

PRESENTE,

SEMPRE
SE
ARREPENDER
DO

PASSADO.

E
NÃO
SABER
LIDAR
COM
AS
INCERTEZAS
DO
FUTURO.

MANUAL.

ser emocionada
não é certeza
de saber
lidar com as
próprias
emoções.

sou a favor
das emocionadas.
inclusive
faço parte
desse time.

ser emocionada
é não ter
medo das
próprias
emoções.

é saber colocar
tudo para fora.

e isso já
é um passo
importante.

mas quero
ser emocionada
na medida.

quero letramento
emocional.

quero descobrir
o que coloco
para fora
e o que
eu guardo
comigo.

quero descobrir
a porcentagem
de emoção
que eu jogo
no colo do
outro.

e isso,
para mim,
é saber lidar
com as próprias
emoções.

<u>emocionada sim.</u>

uma emocionada
com inteligência
emocional.

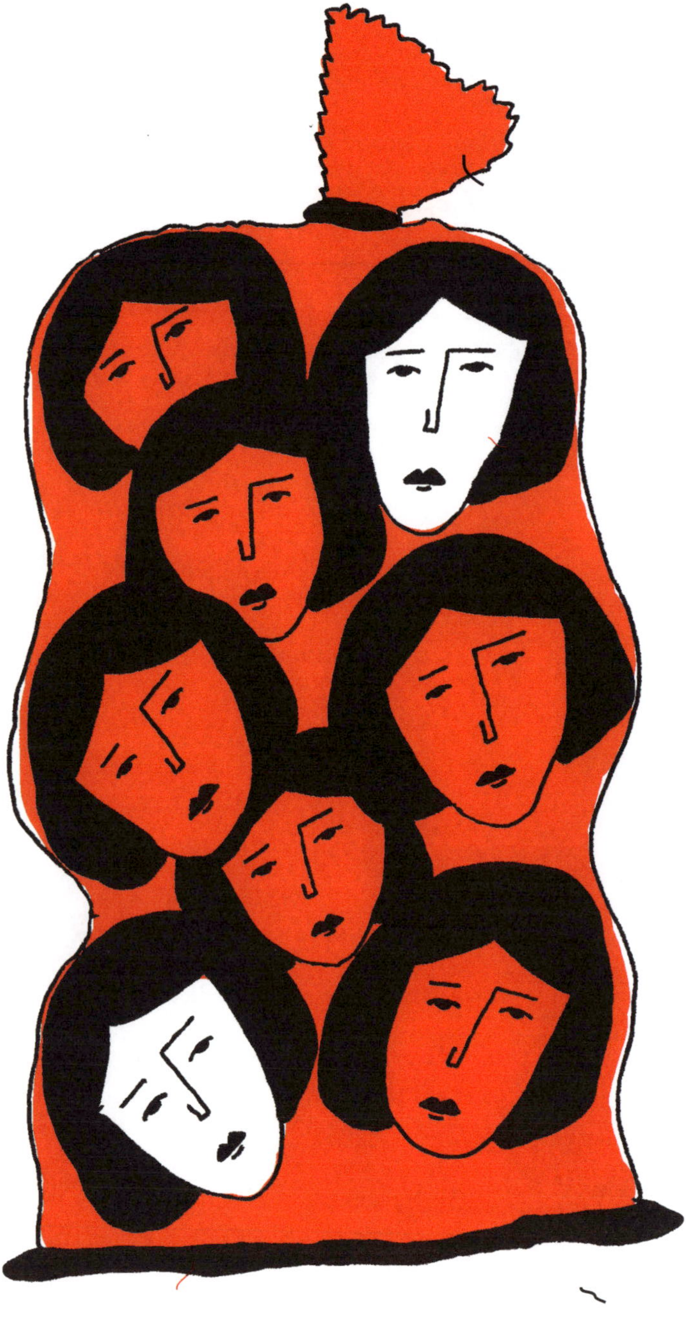

MEDUSA.

como mulher, diariamente,
preciso me apossar do
meu corpo, para lembrar
que ele sempre foi
meu.

preciso me apossar
da palavra dita.
e também
da palavra escrita.
aquela que fica
por aí.
aquela que
conta a minha
história pela
minha própria boca.

minha psicanalista
diz que escrever
é lembrar.

então (escrevo)

escrevo pra me
lembrar do que
posso ser.

e também do
que já sou.

DOMINGO.

cada dia
que passa tenho
certeza
de que ser
adulta
é um eterno
juntar
de caquinhos.

quebrar,
pegar os caquinhos
do chão,
colar com
cola quente.

tomar cuidado
para não queimar
os dedos
com a cola.

tentar permanecer
intacta por tempo
indeterminado.

começar tudo
de novo.
em looping.

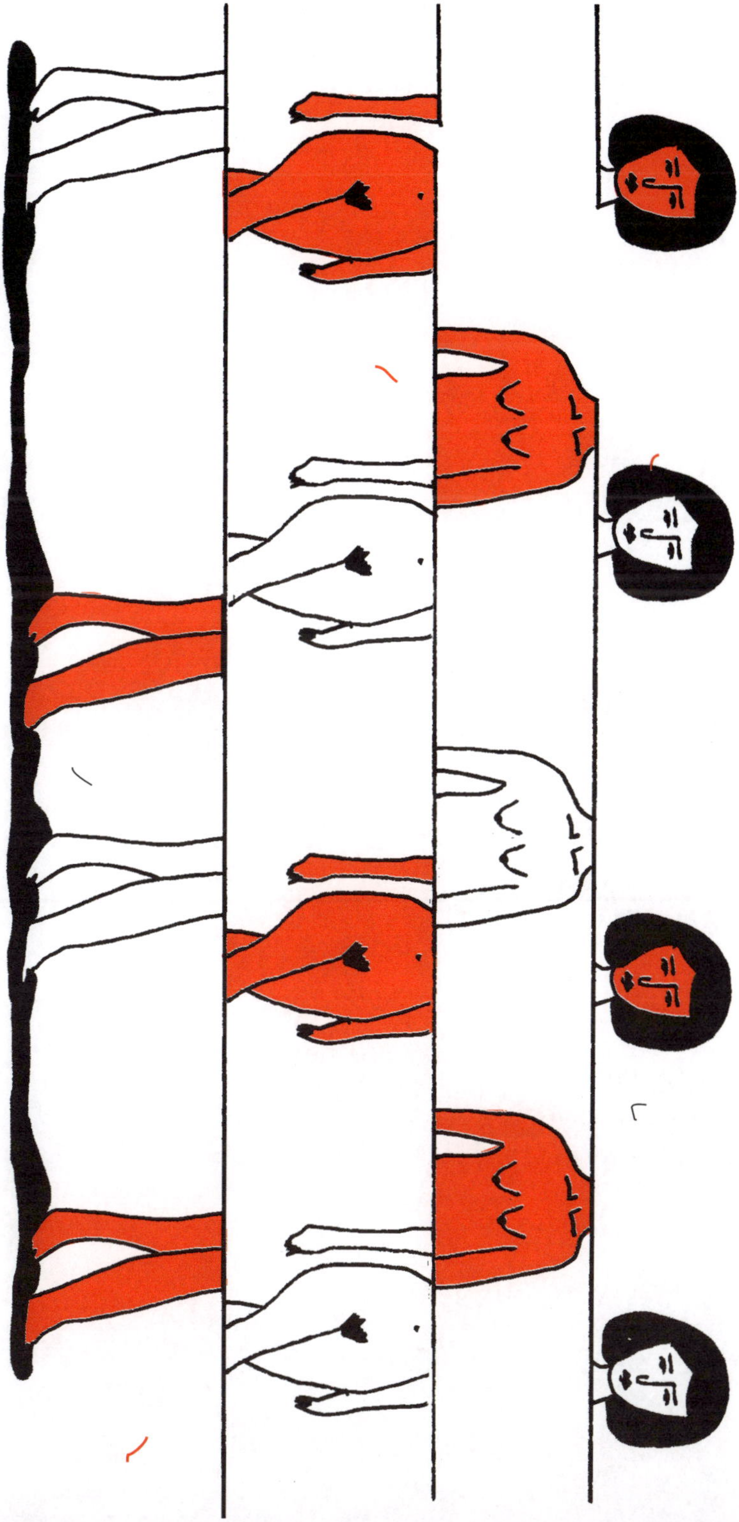

PERIGOSAS.

a mulher calada
não incomoda.

a mulher
calada acomoda.
o outro.

e se incomoda.

a mulher
que fala incomoda.

ela devolve
o incômodo
como quem
devolve
uma compra
danificada.

a mulher
que fala
entende que
pra sobreviver
é preciso
colocar
o ar dos
pulmões
pra fora.

inspirar sim.
mas expirar também.

a mulher
que fala
é um perigo.
pro outro.

<u>a mulher</u>
<u>calada</u>
<u>é um</u>
<u>perigo.</u>
<u>pra si.</u>

já nascemos
sendo
um perigo.

mas é preciso
escolher
para quem.

AFOGADA NA
MINHA
PRÓPRIA

SENSIBILIDADE.

DEFEITO

OU

QUALIDADE?

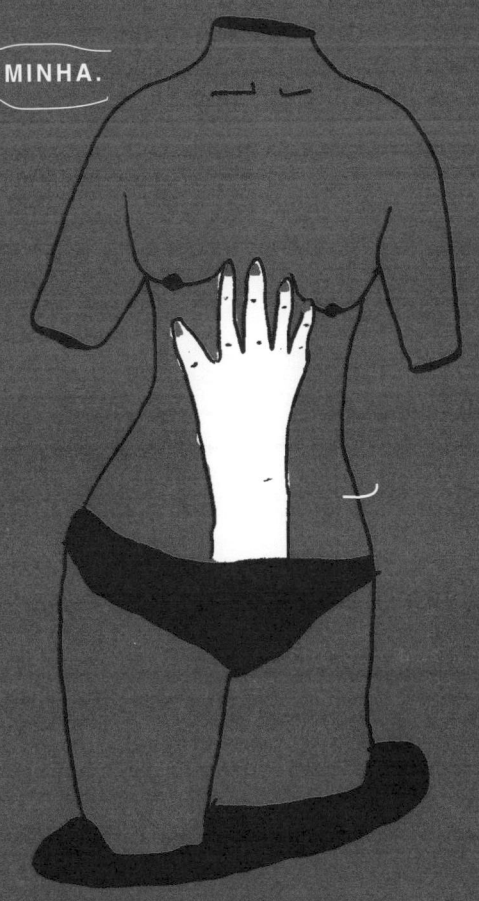

A
ESCOLHA
É
MINHA.

NÃO É
SOBRE
DOMAR.

É SOBRE
DOSAR.

ENTENDER NÃO É CONTROLAR.

as minhas
emoções
sempre
direcionaram
a minha vida.

dos meus anseios
às minhas vontades.
e também
à falta deles.

gostaria de te
dizer que
"hoje eu consigo
plenamente controlar
as minhas emoções".

mas é mentira.
eu não
controlo
nada.

mas aprendi
a viver com elas.

da maré cheia
à maré vazia.

aprendi a
me escutar.
aprendi a
me entender.

entender até onde
dá pra ir.
e onde não dá mais.

entender é possível.
nem sempre.
mas às vezes
já é suficiente.

é preciso
entender
as emoções.

mas não
controlá-las.

até porque,
quanto mais
entendemos,
menos
precisamos
do controle.
entender é melhor
que controlar.

DESENRAIZAR O DESCONFORTO.

Uma vez ouvi a Manuela Xavier em um talk e uma fala dela me marcou muito: "Se eu estou acostumada com o sapato apertado, tentar caber numa calça que não me cabe e com o sutiã espremido, eu enraizei o desconforto. Normalizei o desconforto, então vou viver numa relação abusiva achando que ela é normal".

Fiquei pensando como a sociedade ensinou para nós mulheres que precisamos aguentar tudo. Ensinou não. Empurrou goela abaixo. Vivemos num eterno desconforto e muitas vezes não sabemos nem nomear o que nos incomoda. Outro dia ouvi de um homem a seguinte frase: "Vocês mulheres são muito fortes, aguentam dor muito melhor que nós, homens". Sim, a gente é muito forte. Tivemos que ser, na marra. Mas e se força não tiver nada a ver com desconforto? Para eu ser forte eu preciso estar desconfortável? Aguentar tudo? Calada? Sem um pio? Ou foi assim que ensinaram para a gente? Venderam como força e no fim das contas é tudo mentira?

Sim, eu sou forte.
Mas eu não quero ser forte & desconfortável.
Quero ser forte & corajosa.
Ser forte é saber onde eu não caibo.
Ser forte é chorar no banho.
Cabe tanta coisa dentro do ser forte.
E a gente pode escolher.
O que vai dentro.
E o que vai fora.

SE

SENTIR

CONFORTÁVEL

É

O

BÁSICO.

SEIS:

SENSÍVEL DEMAIS

1. Mulher que se afeta ou se impressiona por coisas insignificantes, como que gritem com ela.

2. Emotiva, sentimental; que chora exageradamente por qualquer mínima violenciazinha.

3. Ver também: vitimista.

(contém ironia)

Marina Jerusalinsky

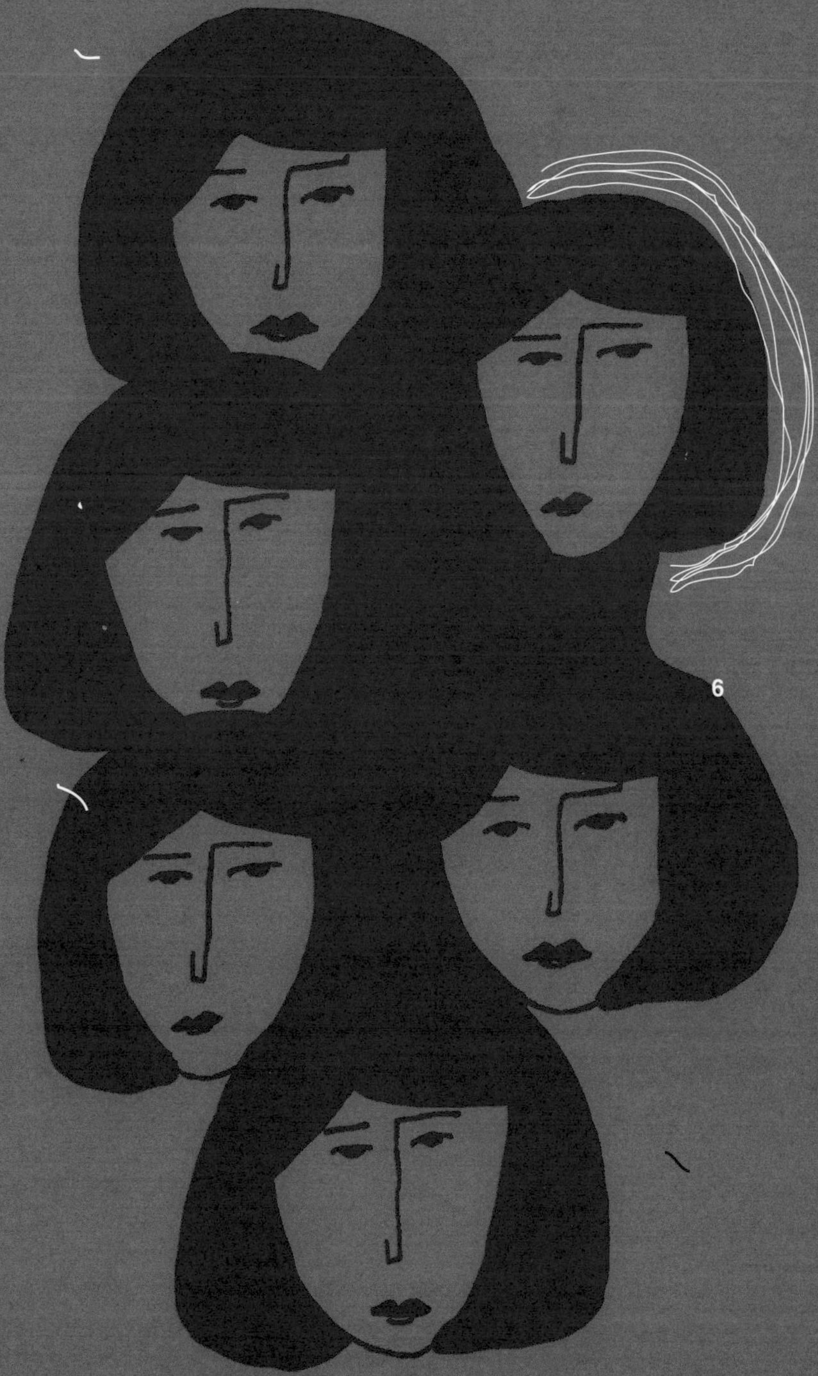
6

ÁGUA-VIVA.

em 2023 descobri
que quem fica
no raso também
fica sem ar.

uma coisa
meio peixe.
ele fica lá
se debatendo.
ele só consegue
respirar no fundo
do mar.

acho que eu
sou um peixe.

só consigo
respirar quando
mergulho em mim.

<u>nem tudo que
dá pé é certeza
de estabilidade.
nem de
conforto.</u>

prefiro ficar
no fundo.
com os pés
livres.

soltos.

dançando
na água.

em 2023 descobri
que no movimento
existe conforto.

existe
estabilidade.

e o mais importante,
existe beleza.

felizes aqueles
que sabem
se movimentar
nas profundezas
das próprias
águas.

JOANA DARK.

aqui
onde o
medo
e a
coragem
caminham
de mãos
dadas.

será
que a
minha
coragem
sabe
que eu
tenho
medo?

será
que o
meu
medo
sabe
que eu
tenho
        coragem?

dualidade
não
é
        confusão.

<u>contraditório</u>
<u>é</u>
<u>ser</u>
<u>uma</u>
<u>coisa.</u>

<u>só.</u>

COM FREQUÊNCIA.

faz tempo
que ando mais
para dentro
do que
para fora.

tão dentro que
percebi que
meu maior medo
era ser
irrelevante.

mas o que
é ser
relevante?
dar as
caras?

dá pra
ser relevante
por dentro?

não sei
se aparecer
toda hora
aumenta
a minha
importância.

ou gasta?

<u>e se eu só
tiver o que
dizer às vezes?
a frequência
releva?</u>

é melhor
me ausentar
do mundo do
que me ausentar
de mim.

INSISTO E EXISTO.

e para
agradar
o outro,
eu me
engrado.

me cerco
de grades.
<u>e deixo</u>
<u>o outro lá.</u>
<u>livre.</u>

quero, então,
desagradar.
e me
desengradar.

SER INSISTENTEMENTE

O QUE SE É.

ATÉ NÃO CONSEGUIR

MAIS SER OUTRA COISA.

DOIS PRA LÁ. DOIS PRA CÁ.

nem sempre
o ritmo é meu.

tive que
aprender. rápido.
pra não me perder nos
passos.

leva tempo.

descompasso também
é ritmo?

parece que
sim.

confesso que
cansei de
dançar com esse vazio.

e sigo me
perguntando.

se é muito vazio
pra pouco eu?

ou se é muito eu pra
pouco vazio?

MAESTRA.

talvez a mudança
seja um
arranjo.

entre não
saber o que fazer,

mas saber
o que não se quer
mais fazer.

saber
o que não
se quer
mais fazer

não é
o suficiente,
mas já
é bastante
coisa.

não é?

SINS E NÃOS.

para os
sins e
os nãos
que saíram
da minha
boca:

quantos
sins
me formaram?

quantos
nãos
me deformaram?

quantos nãos
me formaram?

quantos
sins
me deformaram?

as minhas
escolhas
me formam.

as minhas
não escolhas
também.

AUTOSSABOTAGEM:

POR TODAS
AS
VEZES

QUE NÃO
SOUBE

DIZER NÃO.

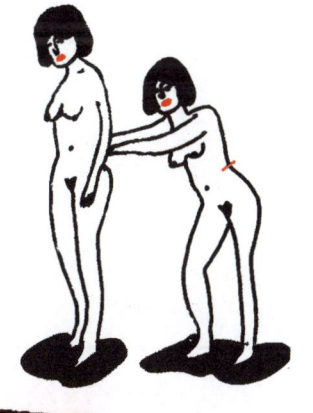

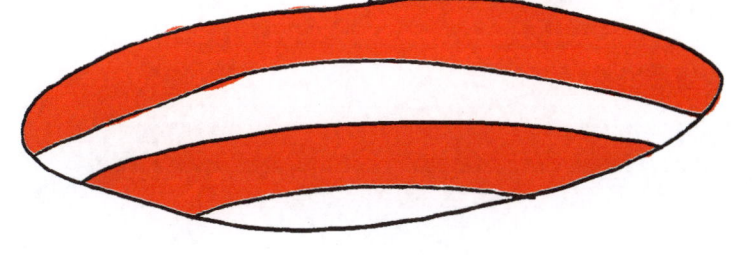

VÊNUS EM   GÊMEOS.

A gente não dá certo.
Na verdade, a gente dá errado.
Muito errado.

Você não me dá o que eu quero.
Mas eu também não digo o que eu quero.
Fico aqui. Fingindo.

É difícil.

Esse negócio de romance é meio bola de cristal.
Ninguém fala o que quer, mas sempre presume.
A gente adora colocar palavra na boca do outro.
Sentimento também.
Uma vida inteira tentando adivinhar o que se
passa lá naquela cabeça.

Será que eu sei o que se passa
na minha cabeça?

Eu nem sei se eu realmente gosto de você.
Talvez eu goste daquilo que eu acho que você é.
Daquilo que eu criei de você.
Mas o que eu criei de você não é quem você é.
Muito obrigada, princesas da disney.
Preciso culpar alguém.
Mercúrio não está retrógrado.

Tá, posso culpar a minha vênus em gêmeos?
Será que eu virei uma feminista à espera de ser resgatada?
Por mais consciência que eu tenha disso.
Eu espero.
Parece que estou sempre esperando.
Eu espero.
Você.
Voltar.
Para começar e terminar tudo de novo.
Igualzinho como nas últimas 14 vezes.
(Sim, eu contei.)

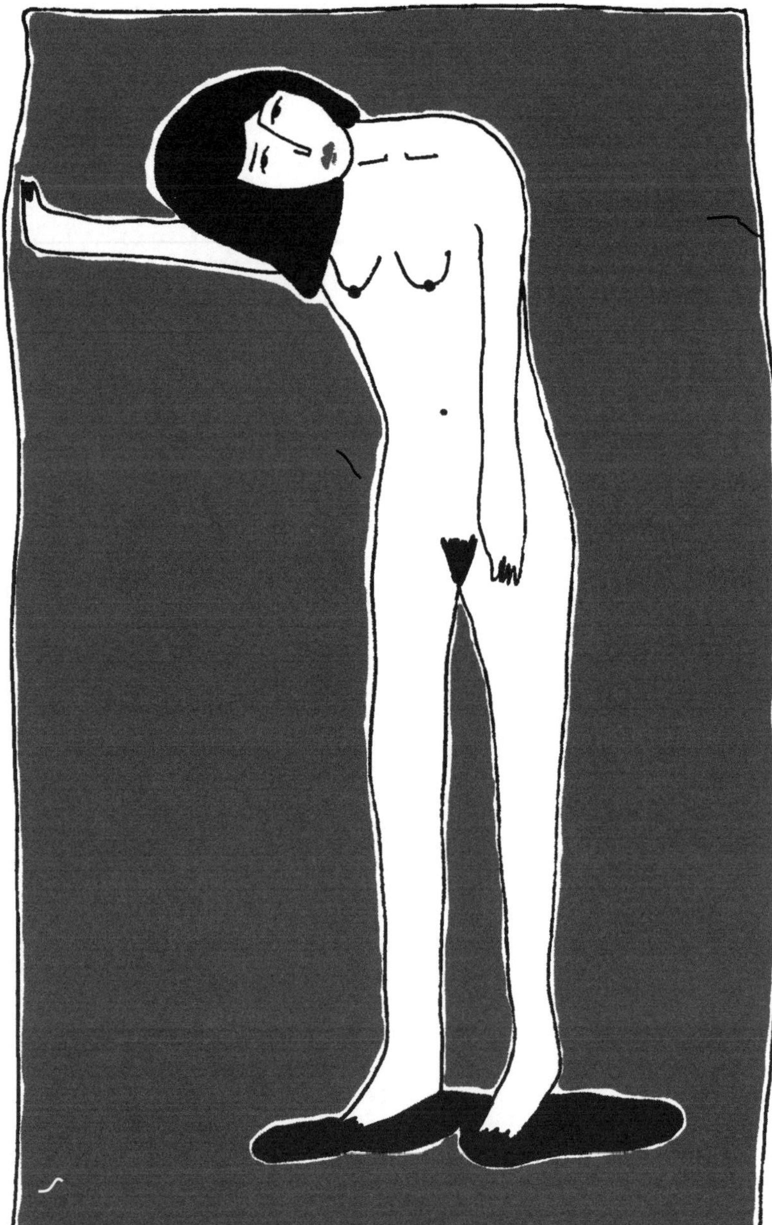

UM TETO TODO SEU.

o risco de se
proteger. de tudo.
e acabar não
vivendo. nada.

Virginia Woolf
disse em "As horas":
"não se acha a
paz evitando a vida".

talvez se proteger
seja isso.
evitar o inevitável.

ou achar que se
evita.

<u>como eu acho que
me protejo
de algo que nem
sei o que é?</u>

é tudo controle.
e também não se acha paz
controlando a vida.

SENTIR

É

TEMPORÁRIO.

SENTIR

O

TEMPORÁRIO.

BHASKARA.

é possível
estar tão
em silêncio
que até
a cabeça
se cala?

exaustão
ou apatia?

é mais
angustiante
pensar em nada
ou pensar
em muitas
coisas
ao mesmo
tempo?

talvez eu
tenha pensado
tanto sobre
tanta coisa,
que minha cabeça
decidiu tirar
umas férias.
sem me avisar.
evacuou o prédio.
e disse:

"pra mim
já chega".
a gente não
aprende a
lidar com o
vazio das
coisas.

preferia
ter tido
essa aula na
escola
do que aprender
como não usar
na vida
a fórmula de
bhaskara.

é melhor cheio do que vazio?
ou vazio do
que cheio?
não sei se
existe fórmula
pra resolver
essa equação.

E-Q-U-I-L-Í-B-R-I-O,
Marcela.
nem 8
nem 80.
pode ser 40.

MULHER:

SEMPRE

LEMBRAR

QUE

CUIDADO

E CONTROLE

NÃO

SÃO SINÔNIMOS.

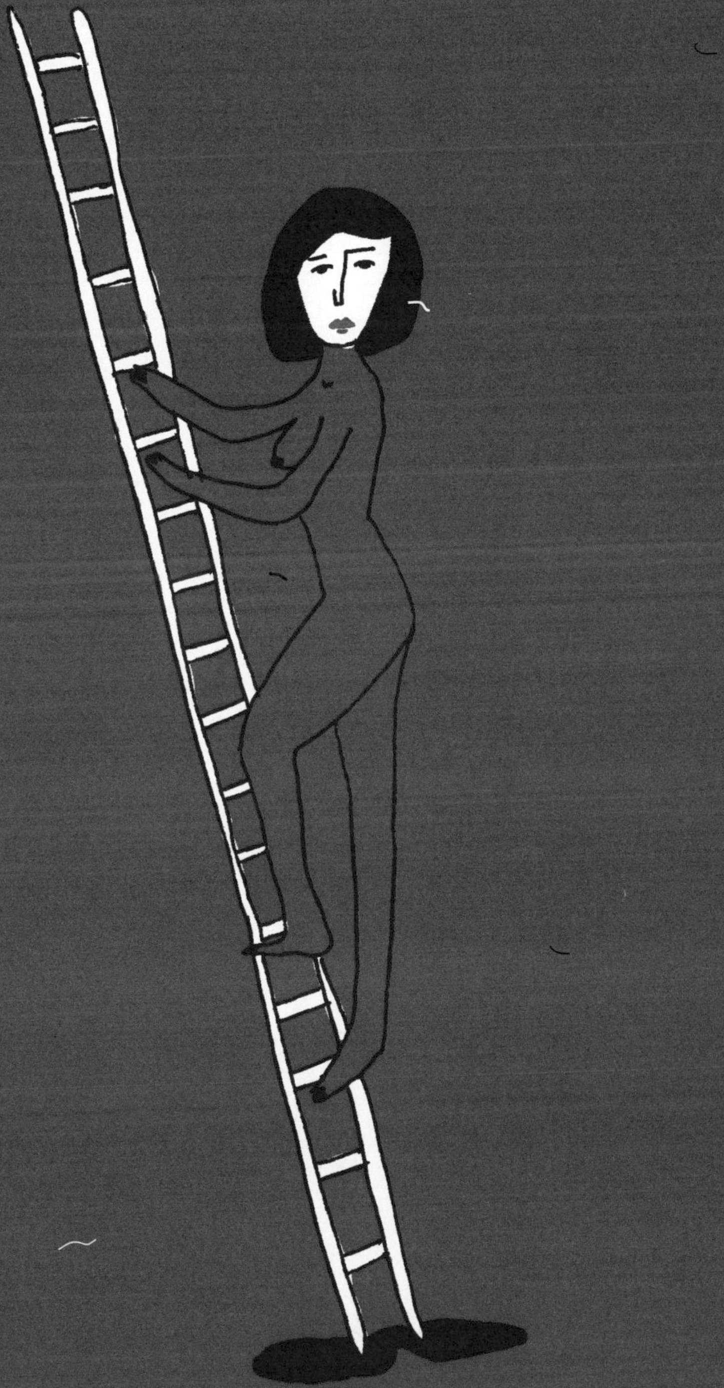

1 SILÊNCIO E MEIO.

Dizem que o tempo não faz nada, ele apenas passa.
Quem faz é a gente.
Mas a gente gosta de colocar a culpa no tempo.
Usar ele de álibi.
"Não deu tempo."
"O tempo passou muito rápido."
"Me perdi no tempo."

Tem também quem goste de usar o tempo como cura.
"Com o tempo passa."
Mas será que é o tempo que cura a gente?
Ou a gente mesmo que se cura ao passar do tempo?

A verdade é que apesar do tempo só estar ali sendo ele mesmo,
tudo tem um efeito.
E o tempo é engraçado.
Ele passa. E muda tudo.
Da proximidade que vira estranheza.
E ao contrário.
Da dor que vira cura, às vezes vira até alívio.
E ao contrário.

Nem certo. Nem errado.
Usaremos então o tempo.
O silêncio.
(Até porque tempo é, também, sobre silêncio.)
E voltaremos daqui a um tempo.

1 Silêncio e meio.
(Aprendi com a carrie bradshaw que
às vezes uma garota precisa do meio.)
Vai dar o tempo certinho de
chegar no alívio.

OUTROS OUVIDOS.

ainda tenho receio
da minha voz.

percebi que
aprendi a falar.

mas ainda
não aprendi
a bancar.
a minha fala.

depois que falo.
uma mistura
de conforto
com angústia.
um retrogosto.

<u>deve ser porque
não controlo como
as minhas palavras
chegam lá do
outro lado.</u>

a boca é minha,
mas o ouvido não.

parece que bancar
a fala demanda

mais coragem
do que falar.

não dá pra
bancar aquilo
que me deixa insegura.

pra ela bastar
é preciso
segurança.

se eu asseguro
a minha
voz, os outros
são os outros.

o que segura
a minha
vulnerabilidade
é esse
medo dos
outros
ouvidos.

GASTRITE AGUDA.

ontem na
endoscopia
tive o
diagnóstico:
muitos nãos
guardados
na boca
do estômago.

a quantidade
agravada de
nãos virou um nó.

o médico
disse que
era preciso
forçar
o vômito.

guardar menos
e devolver
o incômodo.

como escreveu
Paula Gicovate:
"hoje de manhã
cheguei à
conclusão de que
o que me mais

causa gastrite
é engolir
sapos".

essa gastrite
é silenciosa,
aquela que
acontece
quando você
ingere
todos
os incômodos.

<u>na receita,
o médico
escreveu:</u>

dizer não,
dizer não,
dizer não,
dizer não.
dizer não,
dizer não,
dizer não,
dizer não.
dizer não,
dizer não,
dizer não,
dizer não.
dizer não,
dizer não,
dizer não,
dizer não.

DESAPEGAR

DE TUDO

AQUILO

QUE NÃO

ME CABE.

E
TAMBÉM
DAQUILO

QUE

NÃO

CABE

A MIM.

MÚLTIPLA ESCOLHA?

a mulher e a
lista de coisas
que aprendeu
ao contrário:

a)
desromantizar
os sacrifícios.

b)
sustentar
o não.

c)
repassar
o incômodo.

d)
falar
em qualquer
momento
que ache
necessário.
falar.

CÉTICA.

será que o
medo da rejeição
é primo do medo
da derrota?

quem inventou
que a gente
precisa
ser suficiente?

eu mal sou
suficiente
para mim.

como vou ser
suficiente
para outro
alguém?

como posso
ser insuficiente
se eu sou
muita coisa?

ai, esse negócio
de tentar
preencher
os vazios
de novo!

isso vai acabar
comigo.
e com
você também.

eu sei que é
impossível
preencher
o vazio.

será que eu sinto
um pouco
de deleite
ao tentar
fazer algo
que é impossível?

é,
eu faço
muitas
perguntas.

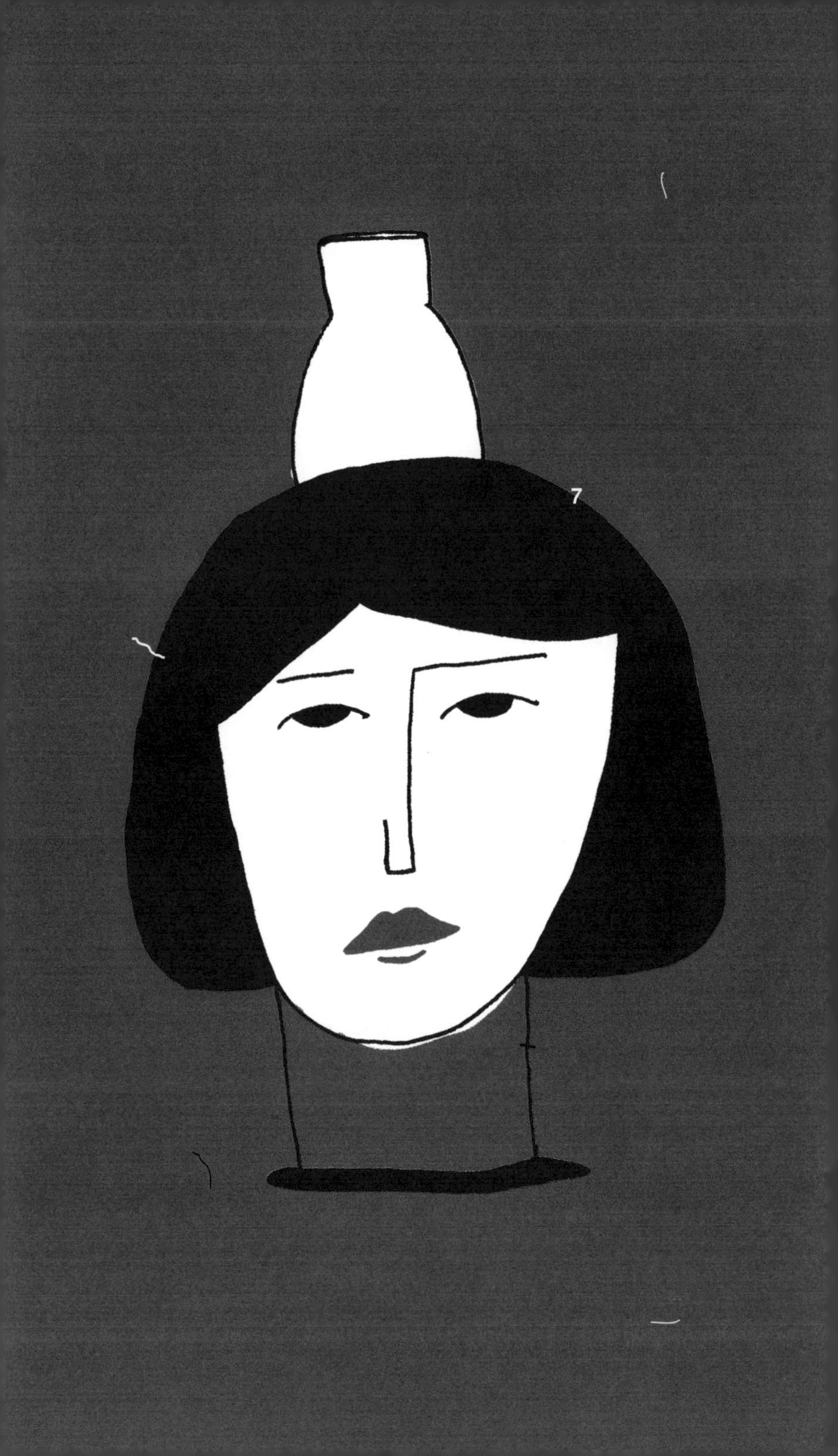

> Eu falarei da escrita feminina: do que ela fará. É preciso que a mulher se escreva: que a mulher escreva sobre a mulher, e que faça as mulheres virem à escrita, da qual elas foram afastadas tão violentamente quanto o foram de seus corpos.
> Hélène Cixous

Escrevo porque, sem a escrita, o afogamento era predeterminado. Escrevo também porque leio mulheres. Me cerco de mulheres por todos os lados. 360 graus. Desde o ínicio, apesar de só ter percebido isso depois de mais velha. Me recordo, num passado não tão distante, quantas vezes já fiquei contra outras mulheres. Quantas vezes outras mulheres já ficaram contra mim. E quantas vezes, também, eu já fiquei contra mim mesma. Apenas por existir. Nada mais do que isso. É preciso braços fortes para nadar contra a maré e a favor de nós mesmas. Sem contar força, coragem e tantas outras coisas que já nem consigo lembrar. Mas sempre lembro quando estou rodeada de mulheres e é para elas este agradecimento. Às primeiras mulheres da minha vida, minhas avós, Manuela e Marina, à minha mãe, Márcia, e minhas tias, Patrícia e Cláudia. Às que nunca abandonaram o barco, Fernanda Kassar, Anna Carolina Rego e minha irmã Tetê Müller. Às que fizeram este livro acontecer, Gabriela Mendizabal, Ana Suy, Paula Jacob, Maria Carolina Casati, Ryane Leão, Natalia Timerman, Lorena Portela, Marina Jerusalinsky, Giovana Madalosso, Deborah Leanza e Aline Bei. Às amigas que também fizeram este livro acontecer mas nem sabem disso, Gabriela Ajala, Renata Miró, Jackie Hatys, Louise Haas, Stephanie Ribeiro, Larissa Cunegundes, Elisa Parpinelli, Laís Bemerguy, Érica Souza Morimoto, Leila Mitteldorf, Priscilla Góes, Malu Barros e Beatriz Chachamovits. À minha psicanalista Eliane, que tanto me impulsionou. Menção honrosa para Vinícius Damião, que aparece diversas vezes neste livro.

E, por fim, agradeço a você, mulher ou não, por me ler e por sentir muito – assim como eu.

OBRAS CITADAS

<u>Página 7:</u> Ernaux, Annie. *Paixão simples*. São Paulo: Fósforo, 2023. Tradução de Marília Garcia.

<u>Página 10:</u> Lispector, Clarice. *A descoberta do mundo*. Rio de Janeiro: Rocco, 1999.

<u>Página 198:</u> Jerusalinsky, Marina. *Adjetivo feminino*. São Paulo: Bebel Books, 2024.

<u>Página 235:</u> Cixous, Hélène. *O riso da medusa*. Rio de Janeiro: Bazar do Tempo, 2022.

**Acreditamos
nos livros**

Este livro foi composto em Helvetica e Apercu
e impresso pela gráfica Santa Marta para a
Editora Planeta do Brasil em outubro de 2024.